ビジネス実務

―信頼を得ることの大切さ―

藤村 やよい

編著

有馬　恵子
江頭万里子
木原すみ子
則松眞由美
吉野美智子

著

樹村房

はじめに

　急激な情報通信技術の発展・普及やグローバル化が進み，ビジネスの市場が日本から世界に拡大し，携帯電話やメールなどの通信手段が劇的に変化を遂げています。ビジネスに大きな変化が有ったとしても，その基本となる仕事に対する考え方や主体的に仕事へ取り組む姿勢，また人への関わり方などは，円滑な仕事を遂行する上で，いつの時代にも変わらず重要なことです。社内外の人から信頼されることで仕事を円滑に遂行することができ，良好な人間関係を構築することが企業成長に繋がります。揺るぎない信頼を得るためにはどのような仕事のしかたが必要であり，何が大切であるかを考察しながらビジネス実務を学んでいただきたいと思います。

　そこで本書は，ビジネスの現場を想定し内容を3部構成にしました。第Ⅰ部の「信頼される職業人（ビジネスパーソン）を目指して」では，学生と社会人の違いを認識し，社会人としての心がけが大事なこと，特に会社は組織で動いているため信用・信頼が会社全体の評価に繋がること，ビジネスに対してどのような仕事のしかたや考え方をしなければならないか，第Ⅱ部の「社員の言動で会社のイメージが決まる」では，社員一人ひとりが会社を代表（顔）しているので，人との関わり方がいつの時代にも大切であること，第Ⅲ部の「業務の遂行」では，基本的な業務内容の遂行について書いています。

　次に本書の書名を「ビジネス実務」としているのは，概論および演習のどちらでも使えるようにしているためです。授業の目的に合わせて，概論で第Ⅰ部と第Ⅲ部の章を組み合わせたり，演習で第Ⅰ～Ⅲ部の必要な章を組み合わせるなど，授業の目的に合わせた組み合わせを可能としています。また例えば第Ⅰ部の章を事前に調べ予習させて，当日グループディスカッションや発表を行ったり，第Ⅱ部で実技指導やロールプレイングをしたり，第Ⅲ部で実際にビジネス文書を作成するなど，章の選択を自由に行い有効に活用してください。その結果，「知っている」→「できる」→「できた」というようにビジネス実務を身につけ，「信頼される」と言うことがどういうことなのか学び，この人がいなくては困ると言われるような存在感のあるビジネスパーソンの育成を願って執筆いたしました。

　言葉遣いに関して本書では，丁寧な言葉遣いを例としてあげています。例えば「します→いたします」，「です→ございます」，「わかりました→かしこまりました」です。会社によっては少し丁寧すぎると思われる言葉遣いがあるかもしれませんが，この本を使って勉強されている方が，ホテルなどの接客の現場で働かれることも考え，「いたします」，「ご

ざいます」,「かしこまりました」などの丁寧な言葉遣いを書いています。本書で学ばれた方が,相手や状況に応じて適切な言葉遣いができるようになられることを期待しています。

　本書の執筆者全員が,大学・短期大学でビジネス実務概論・総論や演習を担当しています。本書を作成するにあたり,時代に合った内容やビジネスに対する基本的な考え方を掲載することはもちろんのこと,ビジネス実務の授業を実際に行うにあたりどのような内容でどのような書き方がされていれば本が使い易いかなどを執筆者全員で検討・議論し,完成させた一冊です。ビジネスに対するしっかりした考え方ができる信頼のおける素晴らしいビジネスパーソン育成の一助になれば幸甚に存じます。

　最後に本書を執筆するにあたり,ご指導ご助言を賜りました樹村房社長大塚栄一様に心から感謝し,厚く御礼申し上げます。

　平成 27 年 11 月吉日

執筆者を代表して　藤村やよい

ビジネス実務
―信頼を得ることの大切さ―

もくじ

はじめに ……………………………………………………………………… 3

第Ⅰ部　信頼される職業人(ビジネスパーソン)を目指して ――――― 13

第1章　職業意識 ――――――――――――――――――――――― 14
　1．学生と社会人の違い ……………………………………………… 14
　2．働くとは …………………………………………………………… 15
　3．仕事と社会貢献 …………………………………………………… 16

第2章　ビジネス活動について ――――――――――――――――― 17
　1．会社とは …………………………………………………………… 17
　2．会社組織 …………………………………………………………… 17
　　（1）縦（階層化・垂直分業）の組織は，次の4つの階層構造からなる …… 18
　　（2）横（部門化・水平分業）の組織は，次の2つの部門からなる …… 19
　3．組織を代表する（会社の顔） …………………………………… 19

第3章　組織の人間関係 ――――――――――――――――――― 20
　1．良好な人間関係の第一歩「挨拶・笑顔・返事」 ……………… 20
　2．違いの認識 ………………………………………………………… 20
　3．豊かな人間性と心の働き ………………………………………… 21

第4章　仕事をする上での心構え ―――――――――――――――― 22
　1．職場での心構え …………………………………………………… 22
　　（1）規律の遵守 …… 22　　（2）自己管理（セルフコントロール）…… 23

（3）時間管理 …… 23　　　　　　（4）守秘義務 …… 24
　　（5）公私のけじめ …… 24　　　　（6）整理整頓 …… 24
　2．職業人に求められる能力 …………………………………………… 24
　　（1）業務処理能力 …… 24　　　　（2）対人能力 …… 25
　　（3）問題解決能力 …… 25
　3．仕事をする上での心構え …………………………………………… 25
　4．仕事に関連する知識・技能 ………………………………………… 27

第5章　仕事の基本 ──────────────────────────── 28
　1．仕事の進め方 ………………………………………………………… 28
　　（1）正確・より迅速 …… 28　　　（2）報告・連絡・相談「報連相」…… 28
　　（3）メモ・復唱・見直し・確認 …… 28　（4）優先順位 …… 29
　　（5）仕事の段取り・時間厳守 …… 29　（6）5W3H …… 29
　　（7）創意工夫 …… 30　　　　　　（8）メモの活用 …… 30
　2．指示の受け方 ………………………………………………………… 30
　3．報告のしかた ………………………………………………………… 31
　4．PDCAサイクル ……………………………………………………… 32

第6章　信頼を得ることの大切さ ───────────────────── 33
　1．信頼を得ること ……………………………………………………… 33
　2．信頼を得るために …………………………………………………… 33
　　（1）主体性 …… 33　　　　　　　（2）責任感 …… 34
　　（3）洞察力 …… 35　　　　　　　（4）柔軟性 …… 35
　　（5）向上心 …… 36　　　　　　　（6）態度 …… 36
　3．自分を高める努力 …………………………………………………… 37
　　（1）自己啓発の大切さ …… 37　　（2）経験を積む …… 38
　　（3）相手の立場に立つ …… 38　　（4）感謝を言葉で伝える …… 39
　　（5）ネットワークの大切さ …… 39

第Ⅱ部　社員の言動で会社のイメージが決まる ────────── 41

第1章　第一印象の大切さ ──────────────────────── 42
　1．第一印象とは ………………………………………………………… 42
　2．挨拶 …………………………………………………………………… 42

（1）挨拶の大切さ —— 42　　　（2）挨拶の言葉 —— 43
　　　（3）感じの良い挨拶のポイント —— 43　　（4）お辞儀 —— 44
　　3．非言語コミュニケーションの大切さ ———————————————— 44
　　　（1）身だしなみ —— 44　　　（2）表情（笑顔） —— 45
　　　（3）視線（アイコンタクト） —— 45　　（4）態度 —— 46
　　　（5）動作 —— 46　　　（6）話し方 —— 47
　　　（7）聞き方 —— 47　　　（8）言葉遣い —— 47

第2章　言葉遣い ———————————————————————— 48
　　1．コミュニケーション ————————————————————— 48
　　2．言葉遣い ———————————————————————— 49
　　　（1）言葉遣いの重要性 —— 49　　（2）言葉遣いの心構え —— 49
　　　（3）「コンビニ敬語」「ファミレス敬語」「ファミコン言葉」について —— 51
　　3．敬語 ————————————————————————— 52
　　　（1）敬語とは —— 52　　　（2）敬語の種類 —— 52
　　　（3）誤った使い方の敬語 —— 55　　（4）人，会社の呼び方 —— 57
　　　（5）場面による敬語の使い分け —— 59　（6）「お（ご）」の使い方 —— 60
　　4．接遇用語 ———————————————————————— 61
　　　（1）大切な言葉（基本的な接遇用語） —— 61
　　　（2）日常的な接遇用語 —— 62　　（3）場に応じた接遇用語 —— 62
　　5．敬意表現 ———————————————————————— 65

第3章　電話応対 ————————————————————————— 66
　　1．電話応対の大切さ —————————————————————— 66
　　2．電話の特性 ——————————————————————— 67
　　　（1）声だけ（明るく感じよく） —— 67　（2）即事性（即時性） —— 67
　　　（3）一方的（かける方が優位） —— 67　（4）有料（迅速・簡潔） —— 68
　　　（5）記録（メモ→復唱→正確） —— 68
　　3．電話応対の心構え —————————————————————— 68
　　　（1）正確 —— 68　　　（2）迅速 —— 69
　　　（3）簡潔 —— 69　　　（4）丁寧 —— 69
　　　（5）その他 —— 70
　　4．電話のかけ方 ——————————————————————— 70
　　　（1）電話をかけるタイミング —— 70　（2）電話をかける前に準備すること —— 71
　　　（3）電話のかけ方のポイント —— 71　（4）電話のかけ方の実際 —— 72
　　　（5）その他のポイント —— 73

5．電話の受け方 ··· 73
　　（1）第一声の大切さ ······· 73　　（2）受け方の実際 ······· 73
　6．電話会話の基本 ··· 75
　7．基本用語 ··· 77
　8．多様な電話会話のポイント ··· 78
　9．発声練習と早口言葉 ··· 80
　10．電話の伝言メモ ··· 81
　11．留守番電話 ··· 81
　12．携帯電話 ··· 81

第4章　来客応対 ─────────────────────────── 82
　1．接遇とは ··· 82
　2．来客応対 ··· 82
　　（1）来客応対の心構え ······· 82　　（2）環境整備 ······· 83
　　（3）来客応対の流れ ······· 84　　（4）接待（茶菓の接待）······· 86
　　（5）面談中の取り次ぎ ······· 89　　（6）見送り ······· 89
　　（7）後片づけ ······· 89
　3．他社訪問 ··· 89
　　（1）訪問 ······· 90　　（2）アポイントメントについて ······· 92
　4．名刺交換 ··· 93
　　（1）名刺の受け取り方 ······· 93　　（2）名刺の出し方 ······· 93
　　（3）名刺交換の留意点 ······· 94
　5．席次（上座・下座）··· 95
　　（1）上座の条件 ······· 95
　6．紹介 ··· 96

第5章　ホスピタリティとサービス ─────────────────── 97
　1．ホスピタリティとサービスの概念 ·· 97
　　（1）語源からみるホスピタリティとサービス ······· 97
　　（2）ホスピタリティとサービスの違い ······· 97
　　（3）ホスピタリティの必要性 ······· 98
　2．ビジネス実務とホスピタリティ ·· 98
　　（1）コミュニケーションとホスピタリティ ······· 98
　　（2）顧客満足（CS）とホスピタリティ ······· 99
　　（3）豊かな関係づくりのために ······· 100
　3．クレーム対応 ··· 101

（1）クレーム発生の要因 …… 101
　（2）クレーム対応の心構えと流れ …… 102
　（3）クレームをチャンスに変える …… 103

第Ⅲ部　実務の遂行 ─────────────── 105

第1章　オフィス管理 ─────────────── 106
　1．オフィスの役割 ……………………………………………… 106
　　（1）働き方とオフィスの変化 …… 106
　　（2）これからのオフィス …… 107
　2．オフィスの環境整備 ………………………………………… 107
　3．オフィス管理 ………………………………………………… 108
　　（1）組織のイメージアップのために …… 108
　　（2）安心で快適な環境づくりのために …… 109

第2章　時間管理と出張 ───────────── 111
　1．時間管理 ……………………………………………………… 111
　　（1）予定表の活用 …… 111　　（2）予定表の種類 …… 111
　　（3）予定表作成のポイント …… 114
　　（4）予定表作成上の注意点 …… 114
　　（5）パソコンによる予定表作成 …… 115
　2．出張 …………………………………………………………… 115
　　（1）出張準備 …… 115　　（2）出張後 …… 116
　　（3）海外出張 …… 116

第3章　会議・会合 ──────────────── 117
　1．会議の基礎知識 ……………………………………………… 117
　　（1）会議の目的と種類 …… 117　（2）会議の形式 …… 118
　　（3）株式会社における会議 …… 119　（4）会議用語 …… 119
　2．会議の運営 …………………………………………………… 120
　　（1）会議の事前準備 …… 120　（2）会議当日の仕事 …… 122
　3．議事録 ………………………………………………………… 123
　　（1）議事録の役割 …… 123　（2）議事録の書き方 …… 123
　4．会議に参加する際の心構え ………………………………… 124

  5．会合 ──────────────────────────── 125
   （1）会合の種類 ── 125
   （2）会合の運営・会合への参加 ── 125
   （3）国際会議 ── 126

第4章　ビジネス文書 ──────────────────── 128
  1．文書の意義と役割 ─────────────────── 128
   （1）文書主義とは ── 128 （2）文書の役割 ── 129
  2．文書の種類と作成上の注意 ─────────────── 129
   （1）文書の種類 ── 129 （2）文書作成の注意点 ── 130
  3．ビジネス文書の形式 ───────────────── 131
   （1）社外文書 ── 131 （2）社内文書 ── 134
  4．一般の文書 ──────────────────── 136
   （1）縦書き文・便せん ── 136 （2）封筒の書き方 ── 136
   （3）返信はがきの書き方 ── 138 （4）委任状 ── 138
  5．電子メールの利用 ───────────────── 139
  6．文書の工夫 ──────────────────── 140
   （1）視覚的な工夫 ── 140
   （2）表・グラフを用いた資料作成 ── 141
  7．文書処理・取り扱いに関する知識 ─────────── 141
   （1）文書の取り扱い，手続き ── 141 （2）郵便の知識 ── 143
   （3）文書の保存年限 ── 144

第5章　情報管理 ───────────────────── 145
  1．情報管理とは ─────────────────── 145
  2．情報の収集 ──────────────────── 145
   （1）情報の収集と選択 ── 145 （2）情報収集上の注意 ── 147
  3．情報の整理・加工 ───────────────── 148
   （1）情報の組織化と分類 ── 148 （2）データベース ── 148
  4．ファイリング ─────────────────── 149
   （1）ファイリングの目的と方法 ── 149 （2）ファイル用ツール ── 149
   （3）紙の文書のファイリングの種類 ── 150
   （4）名刺情報のファイリング ── 152 （5）電子ファイリング ── 153
   （6）文書のライフサイクル ── 154
  5．情報の活用 ──────────────────── 155
   （1）情報の共有と提供 ── 155 （2）情報の分析と活用 ── 155

（3）企画とプレゼンテーション ……… 156
　（4）情報セキュリティと個人情報保護 ……… 158

第6章　慶弔・贈答 ──────────────── 160
1．慶弔の知識 ……………………………………………… 160
　（1）慶事の種類 ……… 160　　（2）弔事の種類 ……… 161
　（3）慶弔業務 ……… 161　　（4）慶事の心得 ……… 162
　（5）弔事の心得 ……… 163
　（6）慶弔行事に必要な知識 ……… 166
2．贈答の知識 ……………………………………………… 166
　（1）贈答の時期 ……… 166　　（2）贈答品の贈り方 ……… 167
　（3）祝儀袋・不祝儀袋 ……… 167　　（4）水引と熨斗 ……… 167
　（5）表書き ……… 168　　（6）袱紗 ……… 170
　（7）見舞い ……… 170
3．国際儀礼（プロトコール） ……………………………… 171
　（1）プレトコールの基本 ……… 171　　（2）パーティー ……… 172
　（3）ドレスコード ……… 173

第7章　企業環境の変化と自己啓発 ─────────── 174
1．企業環境の変化 ………………………………………… 174
2．企業の能力開発 ………………………………………… 174
3．労働者個人と自己啓発 ………………………………… 175
4．能力開発と問題点 ……………………………………… 175
5．自己啓発の意義 ………………………………………… 175
6．キャリア形成にかかわる自己啓発 …………………… 176

参考文献 ……………………………………………………… 178

第Ⅰ部

信頼される職業人(ビジネスパーソン)を目指して

　「信頼」という言葉を皆さんはどのように受け取られるだろうか。ビジネスにおいて「信頼」という言葉は，重要な意味を持つ。「信頼される」ことで職業人（ビジネスパーソン）として円滑な仕事をすることができる。そのためには，まず何よりも正確な仕事をして信頼されることである。「信頼される」という仕事の基本的な考え方は，どんな仕事にも共通していえる。信頼されて仕事を任されるようになると，仕事が面白く好きになり，さらに自己啓発にも努めるようになる。また仕事に対して主体的に熱意をもって一生懸命に取り組む真摯な態度が相手に好感を与え信頼に繋がる。大きな仕事を成し遂げればそれなりの評価を得られるが，信頼はほとんど日常の小さなことの積み重ねの結果である。しかしこうして積み重ねた信頼も，失うのは一瞬である。

　第Ⅰ部では，信頼関係を構築することが「なぜ」必要か，「気づく」ことの大切さや皆に信頼され好感を持たれる職業人とはどのような人のことかについて述べる。またどのような心がけや仕事のしかたをすれば信頼を得られるかを考察し，信頼されることの重要性について学ぶ。

第1章 職業意識

1．学生と社会人の違い

　学校を卒業するとほとんどの人が就職する。就職し働くようになると厳しい現実に直面し，学生と社会人の違いを感じるであろう。そのためまず学生と社会人の違いについて理解しておく必要がある。

　誰にでもわかる一番の大きな違いは，自分の労働に対する対価としての報酬ではないだろうか。学校では知識や技術を習得するために学費を払って勉強するが，就職すると学校で得た知識や技術を活用して仕事をし，その対価として報酬を得る。つまり学費を払うか報酬を得るかという大きな違いがある。報酬を得るということは Professional である。Pro というからには，仕事に責任が生じる。このようにまず学生と社会人の違いをはっきりと理解したうえで，次の表Ⅰ-1からさらに違いについて理解を深める。

表Ⅰ-1　学生と社会人の違いについて

項目	学生（学校）	社会人（会社）
目的	知識や技術の習得	知識や技術の活用
経済	学費を払う	報酬を得る
時間の使い方	自由度が高い，長期休暇がある	就業時間などで拘束，休暇が取り難い
評価方法	試験，課題，平常点など	業績，実績，人事考課など
人間関係	同年代が多い，友人を選べる	上下関係や社内外と複雑
言葉遣い	友達言葉	敬語，接遇用語，クッション言葉

2．働くとは

　人は努力や仕事などを通じて，自分の可能性を実現させる。自己実現のために人はなぜ働くのかという問を，アメリカの心理学者アブラハム・ハロルド・マズロー（Abraham Harold Maslow）は図Ⅰ-1に示す「欲求の5段階」で低次から高次へと欲求が変わると説明している。

　まず人は生きていくためには，①「生理的欲求」として，食べる，寝るなどの生きていくための基本的欲求がある。その欲求が完全に満たされなくてもある程度満たされると次の段階の②「安全の欲求」がでてくる。危険に身をさらされるのではなく，人は安全・安心で健康な生活を望んでいる。この欲求がある程度満たされると次の③「社会的欲求」がでてくる。どこかの集団に所属し，社会活動などを行いたいという欲求である。またこの欲求がある程度満たされると次の④「尊厳の欲求」がでてくる。人から認められたい，尊敬されたいといった欲求である。この欲求がある程度満たされると次の⑤「自己実現の欲求」がでてくるという説である。

　人は，このように自分の可能性を実現させるために，低次から高次へと欲求を満たすために努力をしながら次の行動をとろうとする。その努力のための行動が成長を促すのである。その低次から高次への過程において，仕事などを通じて働くことで自己実現のため努力しながら自己を成長させているのである。

図Ⅰ-1　マズローの欲求5段階

3．仕事と社会貢献

　会社の経営資源は，旧来からのヒト，モノ，カネに加えて，近年では情報，ナレッジも言われている。ビジネス実務では，この「ヒト」つまり「人材」に焦点を当てる。「じんざい」というと「人材」だけでなく「人財」「人在」などがある。正確な仕事をして信頼を得ることで，経営資源としてではなく，その会社にとって，なくてはならない財産としての「人財」となる。会社にいてもらわないと困るような存在感のある「人在」である。それにはまず正確な仕事をして皆から「信頼」を得ることが重要である。つまり人材から，その会社にとって「必要とされる」人財になるのである。

　原始時代のような自給自足での一人暮らしの生活であれば社会貢献という考え方はないかもしれない。しかしながら，現代社会では一人で全てのことはできない。例えば，日常的に必要な衣類にしても，一人ひとりが全ての物を製造するわけにはいかない。誰かが使う物，誰かが必要としている物があれば，つまり需要があればどこかの会社で製造・販売し，衣類を必要とする人に供給する。

　仕事を通しての社会貢献とは，仮に実際に衣類を製造しないで事務作業をしていたとしても，その事務作業を通して皆が必要としている製品づくりに間接的に関わることで社会に貢献しているのである。誰かがしなければならない仕事，つまりビジネス実務を遂行し，仕事を通じて社会貢献を行う。

第2章　ビジネス活動について

1．会社とは

　会社は，商品を販売し利益を出すことで存続・発展し，持続可能な企業とならなければならない。つまり利潤を追求して企業成長する。例えば，会社が販売している商品には，会社の業種により有形の製品と無形のサービスがある。製造業であればその会社が製造する有形の製品を販売する。ホテル業などのサービス業であれば宿泊が目的の人に部屋の空間を提供することで無形の商品を販売する。その部屋としての無形の空間はサービス業にとっての商品である。こうした商品を販売し，利益を得ながら存続・発展し，企業成長し続けなければならない。

　お客が有形の商品を買ったとしよう。その商品の品質や性能が良ければ購買意欲が高まり，その商品を買い続け，リピーターとなる。買った製品は，有形なので物として残る。しかし，サービス業の場合は，無形のため記憶（心）だけに残ることになる。記憶（心）に残る良い接客をして，リピーターを増やし，存続・発展し企業成長し続ける（図Ⅰ-2）。

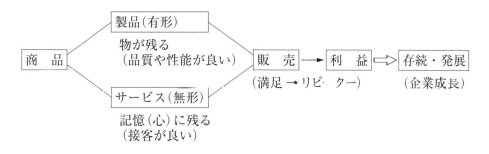

図Ⅰ-2　商品と企業成長

2．会社組織

　会社は経営目標達成のため，会社の規模にもよるが図Ⅰ-3に示すように組織化されて

いる。会社の中でも，同じようなポジションに対して多様な呼称があるので，階層構造をわかりやすくするために，代表的な呼称だけを示している。

　組織は縦（階層化・垂直分業）と横（部門化・水平分業）に分けられ，専門化し，分業体制になっている。会社は，組織の中で機能ごとに縦横に分業化して，効率的に業務を遂行している。また会社法が2005年6月に成立し，同年7月公布，2006年5月に施行された[1]。

（1）縦（階層化・垂直分業）の組織は，次の4つの階層構造からなる

①経営管理者層（Top Management）：会社経営の基本方針などを決定する。
②中間管理者層（Middle Management）：経営管理者が決定した方針を実現するために，現場監督者や一般従業員を指揮管理する。
③現場監督者層（Lower Management）：一般従業員である現場を指揮監督する。
④一般従業員層：現場監督者のもとで各自が業務を遂行する。

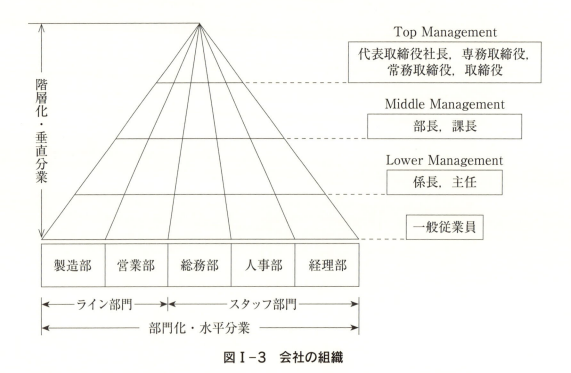

図Ⅰ-3　会社の組織

1：株式会社の設立が1円から可能となり起業が容易になった。有限会社の新規設立が廃止された。

なお，Top Management の社長のことを銀行では社長と言わずに「頭取」（とうどり）と呼ぶ。また，米国で CEO（Chief Executive Officer）とは最高経営責任者である。近年は日本国内においても CEO という呼称を使う企業もある。

（２）横（部門化・水平分業）の組織は，次の２つの部門からなる

①ライン部門：会社の利益に直接繋がり，会社の目標を実現するための製造部や営業部などの部門のこと。
②スタッフ部門：利益には直結しないが，ライン部門が効率的に機能できるように支援する総務部や経理部などの部門のこと。

このように組織は縦（階層化）と横（部門化）に分業化され効率的に業務を遂行し，会社の目標・目的を達成する。

3．組織を代表する（会社の顔）

　会社という組織は，社員一人ひとりの個の集合体である。社員の一人ひとりが，「組織を代表する」という意識を持つことが大切である。一人ひとりがその「会社の顔」である。社長ではないが，自分がその会社を代表しているという意識をしっかり持ち，言動に責任を持たなければならない。社員一人ひとりが言葉遣いや立ち居振る舞いなどに責任を持つことである。もし社外の人に対して社員が失礼な言動をとれば，〇〇会社のAさんという個人評価を受けるのではなくて，「〇〇会社の人は」というように会社全体の評価になり，会社の信頼や信用を失墜しかねない。そう考えるとAさんはその会社のイメージ（印象）をつくるイメージメーカーである。特に第一印象となるような身だしなみ，表情（笑顔，アイコンタクト），動作，態度，言葉遣いなどに注意し，好感を与えることが大切である。
　社員一人ひとりの印象が良いと会社全体の評価も良くなるが，反対に印象が悪い社員がいると集合体としての会社のイメージが下がる。詳しくは第Ⅱ部「社員の言動で会社のイメージが決まる」で述べる。すなわち社員一人ひとりが言動に責任をもち，会社を代表しているという意識で社内外の人に感じの良い印象を与えることが大切である。

第3章 組織の人間関係

1．良好な人間関係の第一歩「挨拶・笑顔・返事」

　職場の人間関係が良いと仕事が円滑に進む。そのためには，良好な人間関係を構築することが重要である。その基本的な第一歩が挨拶，笑顔，返事である。

　挨拶は，こちらから相手の目を見て明るい笑顔で，積極的に「おはようございます」と言う。相手が気づかないで挨拶を交わしてくれないことがあるかもしれない。しかし，相手が気づかなくてもこちらから積極的に挨拶を行うように心がけよう。

　笑顔で挨拶することで，声も明るくなり，笑顔がいわゆる「笑声」となる。例えば，相手の顔が見えない電話応対の時でも，笑顔で話すことで声のトーンが上がり，明るく感じのよい電話応対ができる。このように笑顔と声の明るさは連動している。また，挨拶は視線と視線を合わせアイコンタクトを行い，相手の名前を言うことでさらに親しみも増す。

　返事一つにしても，「私はここにいます」というように自分の存在をきちんと示すためにも，相手に聞こえる声で返事をすることが大切である。何か仕事をしていても，上司から呼ばれると直ぐに明るく返事をする。先輩や同僚から呼ばれても同様である。

　毎日の生活で職場の人間関係が良いと，職場に行くのも楽しくなる。しかし人間関係が悪いと職場に行くのが億劫になり，仕事が楽しくなくなり，仕事の効率も悪くなる。何よりも仕事の効率を上げるためにも，良好な人間関係を構築・維持することは重要である。

2．違いの認識

　「人間関係」の説明時に「山月木」の絵を書かせ，隣の人と比較させる。中にはよく似た絵もあるが，ほとんどの人が同じ絵を描かない。さらに絵を描かずに漢字を書く人もいる。例えば，山が一つだったり，連山になったり，月が三日月や満月，木も1本，2本以上，人によっては木に実がなっていたり，額縁に入った絵画のように書いたりする。この

ように，年齢，性別，出身地，経験，役職などに無関係に，書かれた絵は同じような絵であったり，違ったりする。これは山，月，木と聞いて各人が思うことが違うので，描いた絵に違いが出るためである。このように思い描いた絵が違うように，人は多種多様な考え方をし，皆違うのだという認識を持って，互いに相手を尊重し，相手の立場に立ったものの見方をすることが大切である。

3．豊かな人間性と心の働き

　仕事を円滑に行うためには，知識や技能に加えて豊かな人間性が求められる。上司や社内外の人々にとって潤滑油的存在となり，良好な人間関係を構築・維持していかなければならない。思いやりや優しさ，心遣い，心配りなど，相手を尊重する心の働きができる温かい人柄である。温かな心の働きのできる人は，その人柄が顔に出て職務を全うする中で，品格が備わってくる。仕事をするにあたっては，明るさ，誠実さ，誠意ある態度，包容力，ユーモアのセンスなどが求められる。「相手の立場に立ったものの考え方」ができるようになることである。

　何事も思っているだけでは相手に伝わらない。言葉や行動にして，初めて相手に伝わる。例えば，先輩が忙しそうな時，「何か私にできることはありませんか」という一言で相手に好感を持たれる。こうした一寸した心の働きを言葉や行動で示すことで，社内外での良好な人間関係を構築できる人になろう。

第4章 仕事をする上での心構え

1．職場での心構え

会社に就職するということは組織の一員になるということである。次のようなビジネス社会での心構えが必要となる。

（1）規律の遵守

① 就業規則

会社には就業規則がある。それには，その会社内での種々のルールが定められている。例えば会社の勤務体系である就業時間や有給休暇の取り方などが詳細に書かれているので，入社後はしっかりと理解しておく。

② 就業時間

職場には就業時間がある。遅刻や無断欠勤すると信用や信頼を失う。やむを得ない事情の時は，必ず連絡を入れる。

始業時刻が午前9時であれば9時には仕事を開始できるように机についていることである。ということは，勤務開始時刻よりは当然早く出勤しなければならない。始業時刻に玄関を入ればよいのではない。また終業時刻も同様である。例えば勤務終了時刻が午後5時だとすれば，その時刻までが仕事をする時間である。お昼休みも同様である。きちんと就業時間を厳守することである。

③ 上司の指示・命令

仕事を遂行するにあたり，上司からの指示や命令がある。それにはきちんとメモをとり指示や命令の内容を正確に聞き取ることが大切である。また指示・命令がわからない時は質問や相談し，遂行後は速やかに報告することが重要である。

（2）自己管理（セルフコントロール）

① 心身の健康
　仕事をきちんとするためにはまず心身共に健康であることが重要である。しっかりと健康管理に留意し，心身共に安定した健康を維持する。

② 感情のコントロール
　毎日の仕事の中でミスがあり，上司から怒られることがあるかもしれない。そうした時には，自分のために言っていただきありがたいと感謝の気持ちを持とう。そうすることで気持ちも落ち着いてくる。考え方や受け止め方を自らコントロールする力を身につけることも必要である。同じミスを二度と繰り返さないことである。

（3）時間管理

① 時間管理
　仕事には必ず締切りや納期があるので，効率的な時間配分を考えて仕事を行い，期限は必ず厳守する。仕事には単独で行う仕事と複数で取り組む仕事がある。単独で行う仕事の時は，この仕事にはどの位の時間がかかるかを予測し，時間配分を考え，仕事の段取りをする。複数で取り組む仕事の時は，相互の時間調整などに時間がかかることを考慮して時間に余裕を持ち，お互いの貴重な時間を有効かつ効率的に使えるように計画を立て実施する。

② アポイントメント
　まず約束を守る。例えばアポイントメントを取った時，相手は貴重な時間を自分のために確保してくれているという感謝の気持ちをもち，お互いの時間を有効に使う。ダブルブッキングや予定に穴をあけるということがないように注意する。もし万が一，約束を守れないような時は，事前に必ず連絡する。何の連絡もせずに約束を破ると信用や信頼を確実に失う。

（4）守秘義務

会社には企業秘密と呼ばれる極秘事項がある。それらを決して口外してはならない。人から聞かれたら「知らない」と言い切ることである。また，知り得た情報を社外の人だけでなく家族や友人にも漏らしてはならない。同様に退職後も会社で知り得た情報を漏らしてはならない。

（5）公私のけじめ

職場においては，公私のけじめをつける。例えば会社にある文具などは，会社に帰属する物であり，個人の物ではない。会社の封筒などを私用に使ったり，会社の電話を私用に使うなどの公私混同をしてはならない。

（6）整理整頓

仕事を遂行するには，きちんと自分の周りを整理整頓することである。仕事を効率的にしようと思えば，身の回りが綺麗に整理整頓されていれば良い仕事が効率良くでき，仕事の能率や生産性も上がる。

お客様をお迎えする前には，いつ来客があっても良いように社内の整理整頓に留意する。特に汚くなりがちな所はいつも気をつけて綺麗にしておく。汚い場所を見ると，そこの会社の方針を伺い知ることができる。

2．職業人に求められる能力

職業人には，次の3つの能力が求められる。

（1）業務処理能力

定型業務がきちんとできることである。そのためには，まず正確な仕事をより迅速にできる能力が必要である。口頭の指示は，メモをとり復唱することで正確になり，文書など

は必ず見直して確認をする。

（2）対人能力

社内で良好な人間関係を構築するだけでなく，社外の人との人間関係も重要である。来客には，顧客，取引業者，知人，友人など，種々の来客応対がある。来客との人間関係が円滑にいくことが，将来の企業成長に繋がるのである。社員一人ひとりが潤滑油的存在となり，社内外の人と良好な人間関係を構築することが重要である。

（3）問題解決能力

仕事をしていると日常の定型業務の他に，突発的な種々の問題が生じる。何か問題が生じた時，どう対応するかが今後の企業成長の鍵となる。そうした時，慌てることなく落ち着いて問題解決に努めることが大切である。上司や先輩などに相談して，問題が大きくならないように早期に解決する。

3．仕事をする上での心構え

仕事をする上では，常に次のような意識を持って，取り組むことが大切である。

① 目標・目的意識（5W 3H）
仕事には目標・目的がある。そうした目標・目的を確実に達成するためには，5W3H[2]を明確にし，いつまでに何をどうするかということを意識しながら仕事を行う。

② 顧客意識（(CS) Customer Satisfaction 顧客満足）
会社は商品を売り，利益をだすことで存続・発展する。そのため商品を購入してくれるお客様あっての会社であることを意識する必要がある。お客様との接し方で，その企業の質やイメージが決まるため，お客様の立場に立って心を込めて応対する。また製品やサー

---

[2]：When=いつ（日時），Where=どこ（場所），Who=だれ（人），What=なに（目標・目的），Why=なぜ（理由），How=どのように（① How to=方法，② How much=価格，③ How many=数量）のこと。5W 1Hと言われることもある。その時の1HはHowを指す。

ビスが期待以上のものであれば満足度が上がるという顧客満足を意識した仕事を行う。お客様からのクレームを真摯に受け止め，迅速に対応し改善へと繋げる。言っていただいたことに対して感謝の気持ちを持つことが大切である。お客様への対応のしかたが，今後のお客様との信頼関係構築のうえで重要となる。

③ 納期意識（時間管理，時間厳守）

仕事には納期がある。もし納期に遅れると，自社は良くても続きの処理をする他社に大きな損失を与えることにもなりかねない。したがって仕事の所要時間を正しく見積もり，納期を守れる計画を立て，立てた計画に従って時間管理し，厳守することが重要である。

④ コスト意識（時間と経費）

物や時間など，何事にもコストがかかることを意識する。'Time is money' や「時は金なり」というように，時間にもお金がかかっている。例えば，ビジネス文書の内容にミスがあるとしよう。信用や信頼を損う上に作成し直す時間や経費など，ミスのない時の2倍以上のコストがかかる。人件費，切手，封筒，用紙代などの経費である。したがって文書の内容を見直し確認することが大切である。

⑤ 安全意識（機密保持）

企業を維持していくためには外部に漏れては困る情報がある。こうした機密情報が漏れないように秘密を保持することが重要である。一端，外部にもれた情報は二度と消すことはできない。

仕事は概ね定型業務であるが，突発的に発生する非定型業務もある。そうした予測できない事態の発生に備えて，事前に問題などが発生しないように手を打っておくことや，仮に問題が発生しても影響を最小限にできるように事前に対応しておくなど，業務の見直しなどの対策が必要である。問題になる前に問題になりそうな部分を見つけて対応するなど，積極的に解決していく姿勢が大事であり，安全を意識した行動・対応が求められる。

⑥ 改善意識（創意工夫）

仕事は常に創意工夫を心がけ，改善することが重要である。何か問題があれば改善する。例えばお客様からクレームが入ったとする。理不尽なお客様がいるかもしれないが，基本的に言っていただいたクレームは，ありがたいと感謝の気持ちを持つことである。そしてその内容を基に業務を改善する。お客様の声は貴重である。何も言わないで去っていかれ

るお客様も多い中，常に改善を心がけ，リピーターとしてまた来ていただくよう創意工夫をする。

⑦ 協調意識（チームワーク）

　組織の中で仕事をするということは，組織の目標達成のために，多くの場合は他の人との協働作業を行う。その際に，自分さえ良ければという考えではなく，チームが円滑に機能し，迅速に高品質の仕事を行うため，お互いの協調（チームワーク）意識が必要となる。仕事を円滑に行えるチームが機能し，組織全体が目標達成できることが重要である。

4．仕事に関連する知識・技能

　組織に所属するようになると，自社に関する知識，自分の仕事に関連する知識や技能，仕事を取り巻く環境などをよく知ることが必要となる。

① 自社に関する知識

　自分が所属している会社の概要や社是などを知っておく。これらは入社時にも説明があろうが，会社のパンフレットやホームページなどを参考にすると良い。また自社が提供する商品（製品やサービス）について知っておく。必要に応じてお客様に推薦できると良い。

② 自分の仕事に関連する知識や技能

　ビジネス実務を遂行する際，必用とされる知識や技能を身につける。何ができる，何ができないかを認識しておく。できない技能については自己啓発などで身につける。自分で得意でないことについては，できる人に相談できるような良好な人間関係（人のネットワーク）を維持しておく。

③ 仕事を取り巻く環境

　自社のことだけでなく，仕事を取り巻く社会や関連企業の動向，新製品の情報などについても常日頃から情報を収集・把握しておくことが大事である。そのためには，新聞，業界紙，インターネット，ニュースなど経済の動きなどに注目しておく必要がある。

第5章 仕事の基本

1．仕事の進め方

信頼や信用を得るためには，次のようなことが大切である。

（1）正確・より迅速

仕事を遂行するにあたり最も大切なことは，まず「正確」な仕事をすることである。そして正確な仕事をしたうえで，「より迅速」に仕事を遂行する。どんなに仕事が早くても，ミスばかりでは信頼や信用を失う。まず正確な仕事をする。例えば，来客応対でお客様の名前を間違わないよう聞いたことを確実にメモして復唱し，名前を正確に聞き取る。会議の案内状は，日付と曜日を一致させることで，正確になる。正確な仕事をする上で何か困ったことがあれば直ぐに上司や先輩に相談する。

（2）報告・連絡・相談「報連相」

報告の「報」，連絡の「連」，相談の「相」を合わせて「報連相（ほうれんそう）」と言う。この言葉は，ビジネス社会では常識である。仕事の経過や終了を「報告」し，必要に応じて正確で迅速な「連絡」をする。何か迷ったり困ったことがあれば「相談」し，結果を報告する。上司から「あの仕事はどうなりましたか」と聞かれる前に報告・連絡・相談をする。こうした「報連相」をきちんと行うことで信頼や信用を得る。伝言のメモなども「メモを拝見しました」と一言伝えればメモを書いた人は安心する。

（3）メモ・復唱・見直し・確認

仕事を正確にするためには，口頭で言われたことは直ぐにメモをとり，復唱する。文書

であれば必ず見直しを行い，確認し，正確な仕事をする。特に人の名前，住所，電話番号，日程，場所，金額，数量，固有名詞などを間違わない。

（４）優先順位

　仕事は，発生した順番でするものではない。緊急度，重要度を考慮し，優先順位をつける。緊急な用件や重要な仕事は，時間や締切りなどを考慮し，間に合うように完了する。例えば，上司に渡す郵便物では，書留や速達を上に置き，その下に通常の郵便物，そしてダイレクトメールなどの順番にする。

（５）仕事の段取り・時間厳守

　仕事は就業時間という限られた時間内に遂行しなければならない。その際，どのような仕事のしかたをすると効率的に仕事を進めることができるかを考えて取り組む。例えば，締切りを厳守するために，仕事の所用時間を見積もって段取りを決め，限られた時間を有効に使うため，能率よく仕事に取り組む。このように仕事をする時は，どのくらいかかるか，何時までに済ませればよいかなど，段取りを決めて，きちんと効率的な時間配分を行い，無理，無駄，ムラの無い仕事を行う。

（６）5W3H

　仕事をするときは，必ず５Ｗ３Ｈを考えながら仕事に取り組むことが大事である。５Ｗ１Ｈと言われることもあるが，１ＨはHow を指し，How to, How much, How many の３Ｈが含まれる。
　例えば，会議の案内状は，文書の内容を５Ｗ３Ｈを考えて作成する。まず会議の日時（When），場所（Where），受信者名・発信者名（Who），目的・議題（What），会議の主旨・背景（Why），方法（How）を考える。また，それだけでなく例えば上司からビジネス文書を書くように指示された時，直ぐに「いつまでに作成すればよろしいでしょうか」と言うように，作成する文書の内容を５Ｗ３Ｈで考えることはもちろんだが，この場合には指示の内容をいつまでにすればよいかというWhen を考える。開催通知の場合には，郵便か電子メールか（How to），郵便の場合に普通便か速達か（How much），何名の受信者に送るか（How many）を考える。仕事はこのように，５Ｗ３Ｈで考えてみることが重要

である。

（7）創意工夫

仕事では創意工夫をする。どうすればこの仕事を正確により迅速かつ安全に完了できるかなど，常日頃から創意工夫する。また例えば，プレゼンテーションの時に，聴衆の視点で見やすい文やグラフ作成を心がける。あるいは商品の紹介では，どうすればお客様が見やすいか，わかりやすいかなどをお客様の視点に立って考え，創意工夫する。

（8）メモの活用

メモは，自分の記憶のためや他者に伝言を伝えるためなどがある。その際，自分のためであれば自分にわかりやすくメモを取ればよいが，他者のためであれば，簡潔にわかりやすく読みやすい字で丁寧に書く。伝言内容を正確に書くと共に，①日付，②時刻，③名前などを書く。メモの活用例としては，電話がかかり名指し人がいない時，面談中や会議中に伝言する時などに，メモを活用すると良い。

帳票化された伝言メモ用紙が無い場合，白紙のメモ用紙に書く伝言メモには，必ず「日付・時刻・名前」を書く。

面談中や会議中のメモは，相手が答えやすいように簡潔にメモを書く。何事かと周囲の人が聞き耳をたてたり，会議の邪魔にもなるので，メモを活用することで他の人の迷惑にならない。さらに他者が読むメモなので，手書きの時にはわかりやすく丁寧に書く。

2．指示の受け方

①何の仕事をしていても，名前を呼ばれたら直ぐに「はい」と相手に聞こえるように返事をし，メモ用紙と筆記具を持参して指示者の所に行く（例「お呼びでしょうか」）。
②指示の内容をメモにとる（最後まで聞く）。
　メモを見ながら，復唱する（例「○○でございますね，かしこまりました」）。復唱することで内容が確認でき，正確になる。

③疑問があれば話の区切りで質問して，指示の内容を正確に理解する。
④指示された仕事の途中であっても，疑問があれば必ず質問して，正確に理解する。

3．報告のしかた

①仕事が終わったら直ぐに報告する（例 「○○についてご報告がございます。ただいまお時間よろしいでしょうか」）。緊急度や重要度の高い内容ほど，直ぐに報告する。特に悪い報告ほど急いで報告する。例えば，失敗した時に直ぐに上司に報告しておけば小さな失敗で済むことが，上司に言うと怒られると思い報告できずにいると，時間の経過と共に大きな失敗に繋がる。

②長期間かかるような仕事は，仕事の途中で中間報告をする。中間報告をすることで上司も部下の仕事の進捗状況がわかり安心できる。

③報告する時は，結論から言って，経過報告をする。

④報告の内容は客観的事実，つまり事実をありのままに報告する。

⑤もし必用に応じて自分の意見を言う時は，報告と私見は区別して，最後に「私の意見ですが」と言って私見を述べる。

⑥報告の方法は，口頭やメモ，文書という方法がある。多くはまず口頭で先に簡単に報告し，次に報告書を作成し提出する。その際，資料や図表などあれば報告書は添付する。提出前には報告書のコピーを取っておくと良い。

〈報告の例〉

①例えば，銀行に行く時は，上司か先輩に「銀行に行ってきます」と言って出かける。戻れば，「ただいま戻りました」と報告する。報告しないと戻っていても未だ戻ってないと思われ心配される。

②帰宅時に郵便物の投函を頼まれたとする。翌日出勤したときは必ず「昨日，頼まれていた郵便物を投函いたしました」と報告する。頼んだ人は，投函してくれたかなと思っているので，聞かれる前に言うと安心する。

③メモを読んだ時は，「メモを拝見いたしました」とメモを書いた人にいうと感じが良く，安心してもらえる。

以上のような日常の小さな報告の積み重ねが，信頼と信用を育むことになる。

4．PDCAサイクル

　仕事をする時は，図Ⅰ-4に示すように常にPDCA（Plan, Do, Check, Action）を考えて仕事を行う。
　指示を受けたら計画（Plan）を立てる。その際，疑問があれば上司などに相談する。計画を立てたら上司の了承をとり，計画を実行（Do）する。実行後は直ぐに上司に報告する。その後，実行した内容を評価，反省，検討（Check）し，創意工夫して改善する。必要に応じて上司などに相談する。次に相談，検討した改善策を再実行（Action）する。その結果を速やかに上司に報告する。
　サイクルとは循環という意味で，つまり回ることなので，次に同じような仕事を行う時，この一連のPDCAサイクルを次に「活かす」ことが重要である。こうした取り組みで仕事に対して「有能」になっていけるのである。

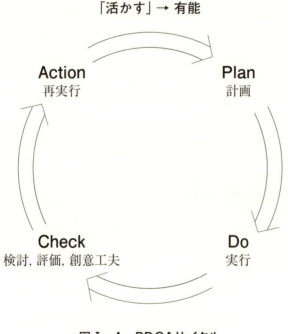

図Ⅰ-4　PDCAサイクル

第6章 信頼を得ることの大切さ

1．信頼を得ること

　信頼とは，「ある人や物を高く評価して，全てを任せられるという気持ちを抱くこと。」（『大辞林』第3版，2007）とある。大きな仕事を成し遂げればそれなりの評価を得られるが，信頼はほとんど日常の小さなことの積み重ねの結果である。仕事をきちんと遂行し，「小さなことの積み重ね」で「信頼」を築いていく。信頼を得るためには時間がかかるが，信頼を失うのは一瞬であることを忘れてはならない。

　信頼を得ると，自分が認められ，必要とされていることを実感できるので仕事が楽しくなり，仕事への達成感や満足感も高められていく。また，仕事を好きになると仕事を極めようと努力を惜しまなくなるため，仕事の能力が向上し，仕事に対する自信にも繋がっていく。一方，信頼関係が崩れていくと不信感を抱かれ，仕事が進めにくくなる。

　「信頼」という仕事に対する基本的な考え方は，どんな仕事にも共通している。仕事を円滑に遂行するためには，まず揺るぎない信頼関係を構築することが重要である。そのためには，業務に必要な知識・技能の他に，豊かな人間性やビジネス社会での心構えが求められる。小さな信頼の積み重ねで「この人に任せていれば安心」と言われるように，社内外の人から「信頼」を得ることが大切である。

2．信頼を得るために

（1）主体性

　仕事には主体性が求められる。何ごとも自分から前向きに取り組み，自分から率先して主体的に仕事を行う。仕事は指示待ちではなく，言われる前に自分から取り組む姿勢や自発的に仕事を探して取り組むことである。

今，何が必要かを常に読み，次に何をすべきかを考える。その際に，特に新人の時は上司の意向，考え方，仕事の進め方，仕事へのこだわり，好みなどを考え，上司と「相談」しながら仕事をすることが大切である。上司はいろいろなことを考えて総合的に判断するので，事前にひとこと言ってくれると良いのにと思う。上司の意向に沿わない「余計なこと」「勝手なこと」をすると思われないように注意する。

上司の信頼を得るためには，上司の意向や考え方，仕事の進め方，仕事の指示などをきちんと理解し受け入れ，最後までやり遂げる責任感と職務遂行能力が重要である。ミスをすることなく，てきぱきとより迅速に，主体的に業務を遂行する正確性，理解力，堅実性，受容性が求められる。

（2）責任感

仕事を遂行するためには，自分の役割をきちんと把握し，真面目に取り組み，やり遂げる姿勢が求められる。遅刻や欠勤をすることなくきちんと出勤し，真面目に仕事に取り組む勤勉性や真摯な態度で業務を正確に確実に遂行する「強い責任感」と職務遂行能力が求められる。

業務上知り得たことや人から聞いたこと，見たことを他人に漏らさない口の堅さも大切である。また「秘」文書の取り扱い方法の知識を身につけ，機密保持に気を配る。人から聞かれても，他言すべきでないことには一言「知りません」と言い切り，知っている素振りなどを見せてはならない。

仕事には優先順位があることを理解し，緊急度，重要度，時間の制約，上司の意向，仕事の能率などを考えて，責任をもって業務を遂行する。また，メモをとるなどの几帳面さが大切である。仕事において責任を果たすとは，時間を厳守し，ミスをなくし，少なくとも期待どおりの成果を上げることである。

有能な人は，上司の指示を受けるときは，正確に上司の意向や仕事の目的を理解するためにメモを取り，確認しながら進める。また仕事には優先順位がある。緊急度，重要度，上司の意向，時間の制約，仕事の能率などを考えて段取りを組み替えていく。この時，漏れやミスが発生しないように，チェックを怠らない几帳面さが大事である。また，途中，わからないことがあれば質問をするなどして確認をし，適宜中間報告をしながら，正確に確実に仕事をやり遂げる。このように責任をもって取り組むことが信頼に繋がる。「あの人に任せておけば大丈夫」と言われるように，わからないことがあれば質問して確認をとり，責任をもって最後まで正確に確実に仕事をやり遂げる。仕事に真摯に取り組む態度が，

上司からの信頼に繋がる。

（3）洞察力

　洞察力とは物事を見通す力，ものの本質を見抜く力のことである。物事を見極めるためには，観察力が必要であり，日頃からしっかり対象を観察しておく。また観察して得た情報から推察したり予測したりするためには，幅広い知識と経験と自由な発想力や想像力などの豊かな感性が求められる。そのためには，常に自分の回りで何が起きているか周囲の状況を察する観察眼をもつことである。また，客観的な状況判断を行うためには，幅広い情報収集を怠ってはならない。それらを総合的に判断し，「先を読む」のである。周囲の状況を把握し，先を読んだ判断力や行動力が必要である。

　「あの人は，気が利く」というが，瞬時にその状況を的確に把握・判断し，次の瞬間に行動に移る。そのためには，気転が利くとは，今どのような状況か，正しい状況判断が求められる。頭の中で思っていても行動に表れないと気が利くとは言わない。気転が利く，気が利くと言うことは簡単であるが，実際に行動に移すのは難しい。例えば，上司が電話中にその会話の受け答えから，「あの資料を必要とされているのだな」と察し，上司が見やすいように資料を差し出す。つまり上司が何を必要としていることかを見通し，臨機応変な状況対応力や洞察力が求められる。ちょっとした気遣いや気配り，気働きが相手に好感をもたれる。

（4）柔軟性

　組織とは，個の集合体である。個，つまり個人が集まるところには，さまざまな考え方が存在する。自分の主張だけを通そうとすると人間関係に亀裂が入り，組織の力を結集することはできない。そうした時に，一つのものの見方だけでなく多面的なものの見方や考え方ができるバランス感覚のある柔軟性が必要とされる。

　組織には目標・目的がある。その目標・目的を達成するためには，種々の手法や方法が考えられる。一つの手法に固執するのではなく，条件や状況に合わせて，新たな方法を選択する冷静で柔軟な考え方が求められる。

　急な予定変更や問題が発生した時には，相手にも配慮し，誠意をもって臨機応変に対応しなければならない。予定の重複や記入漏れがあると信用を失墜する。効率的かつ能率的に仕事ができるように，冷静沈着に落ち着いて論理的，合理的に思考し，相手の都合にも

配慮した適切な状況判断をして，客観的かつ臨機応変な問題解決にあたる柔軟性が求められる。

（5）向上心

自ら学び，能力向上を目指すことは大切なことである。仕事をしていてわからないことがある時には自発的に学習するなどの向上心を持つことである。業務を少しでも改善できないか創意工夫しながら仕事に取り組む。例えば，文書の作成について考えてみる。発信者名が上司であれば，上司の名前で発信するという責任を自覚することと，上司に恥をかかせないようにという心構えである。人が読むことを意識して，正確できちんとした文書を作成することが大事である。文例集などを参考に，より良い文書を作成しようと創意工夫し，間違いがないか見直し確認する態度が向上心に繋がり，有能な人に成長する。

（6）態度

① 熱意

仕事に対して熱意をもって一生懸命に取り組む姿勢や誠実な態度には好感を持つ。また仕事に対する一生懸命さが向上心に繋がる。会社や人の役に立ちたいという真摯な姿勢や熱意ある態度は相手に好感を与え信頼に繋がっていく。

② 公平性（誠実）

どんな相手にも安心感や信頼感を与えるよう公平に接することが重要である。誰にでも分け隔てなく公平に接し，優しく親切で思いやりのあるさりげない心の働きができる人は好感をもたれる。

公平性を保つには傾聴力が大事である。相手の言っていることを良く聴いて真意が何かを汲み取ることである。つまり話し上手より聞き上手と言うが，自分の主張だけを通そうとせず，相手の言うことを良く聴くことである。

自分の考えていることは，態度や言葉に表れる。相手を無視したり何気なく行った言動が人に不快感を与えたりする。人を外見で判断せず，個人的な理由で誰かを優先することなく，公平に誠実に接するように努める。特に親しいほど節度ある言動が求められる。

③ 明朗性

いつも明るくさわやかな人には，好感がもてる。明るい笑顔できちんとアイコンタクトをとって交わされる挨拶は，心までも和ませてくれて気持ちが良い。特に来訪者や電話応対では，明るくさわやかな応対が望まれる。

その人から醸し出される雰囲気は，会社のイメージに影響を与えるだけでなく，会社の信頼や信用という会社全体の評価にも繋がる。各自が会社の代表「顔」であるという意識でいることが大切である。第一印象は数秒で決まるとも言われている。「あの会社の人は」と外見でも判断されるため，会社の代表「顔」としての第一印象に気をつける。

職場のＴＰＯ（Time, Place, Occasion）をわきまえた清潔感のある身だしなみや感じの良い言葉遣い，聞き方，話し方，美しい立ち居振る舞いからは，丁寧さや温かさが感じられ誰からも好感をもたれる。また，多忙を極めても，穏やかな明るい表情で礼儀正しく，常に平常心を保つことが大切である。また，物事を悪い方に考えずに，明るいものの見方や考え方も必要である。

④ 素直

人からの助言などに素直で謙虚に耳を傾けられる人は，自分を変えていくことができるので，成長していく。何か注意を受けた時は，自分のために言っていただきありがたいと感謝の気持ちを持つことが大切である。。誰から注意を受けたということではなく，何の注意を受けたかという内容を理解し謙虚に受け止め，そのことを糧に成長する。注意されると良い気持ちはしないかもしれないが，自分の成長・能力向上を思ってくれているからこその注意である。注意していただいたことに素直に感謝の気持ちを持つことである。

3．自分を高める努力

（1） 自己啓発の大切さ

仕事を円滑に遂行するため，知識や技術の習得に努め，少しでも改善できないか創意工夫しながら仕事に取り組み，そのための自己啓発を心がけ感性を高める。また人間性を高めるために，より幅広い知識や優れた技能が身につくように自己啓発に努め，自分にできないところを補う努力をする。例えば，スキルアップでは，研修を受けたり，資格を取得

するなど，自己啓発に積極的に取り組み，少しでも改善できないか創意工夫しながら仕事に取り組む。

　種々の本を読み，幅広い知識を身につけ，教養を深める努力をする。ニュース，新聞など，社会の動きにアンテナを張り，読書，美術，音楽など文化に関心を持つ。広く学ぶことで教養が身につき，人としての品格が表れる。教養を高め，自分を磨くよう心がける。

（2）経験を積む

　経験を積むには時間がかかるが，豊かな経験を積むことで，瞬発的な判断力や行動力に繋がる。また，経験を積むことで相手の気持ちを理解でき，「さりげない」心遣いや気配りなどの心の働きができるようになり，人としての幅や人柄の良さが，相手に感じの良さとして自然に伝わる。常に新しい知識や技術に関心を持ち研鑽に励み経験を積むことで，誰もが認める優れた人に成長できる。

　「実るほど頭を垂れる稲穂かな」という言葉があるように，有能さを発揮しながら謙虚さも必要である。時には初心に戻り，最初に仕事に取り組んだ時の気持ちを大切にして，「この人がいないと困る」と言われるような存在感のある人になろう。

（3）相手の立場に立つ

　組織に所属すると社内外の人と多様な人間関係がある。笑顔や挨拶で良好な人間関係を構築していくが，そこには考え方の違いが生ずる。人の数だけ異なる考え方があると言っても過言ではない。そうした時，相手の立場に立って考えてみることが大切である。相手を批判する前に，自分はどうであるか振り返ってみたり，自分が同じ立場ならどう思うだろうかと考える姿勢が大事である。

　同時に言葉遣いにも気をつける。言葉には力がある。その人の言い方一つで励まされたり，傷つけられたりする。自分がそのように言われたらどうだろうと自分に置き換えて考え，言葉に対する心配りをする。

　誠実，誠意，熱意などの態度は，相手に伝わる。自分の考えていることは態度や言葉に表れる。例えば，命令形の言葉で言っている時の態度と，クッション言葉＋依頼形の言葉で言っているときの態度は異なる。クッション言葉＋依頼形の時は，言葉遣いが丁寧であると同時に態度に丁重さが表れ前傾姿勢をとっている。

　自分がしてもらって嬉しいことは相手にもするなど，人の喜びを自分の喜びに変えるこ

とができたり，相手の気持ちを察して，相手を尊重し相手の気持ちを思い理解することで，思いやりや優しさが相手に伝わり，信頼感が生まれる。人はその人の言動をよく見ているものである。

（4）感謝を言葉で伝える

　いつも感謝する気持ちをもつことが大切である。その人の貴重な時間を遣って自分のために何かをしていただいて「ありがたい」という感謝の気持ちである。何か教えてもらったり，頼んだことをしてもらったり，物をいただいたら，お礼の言葉を忘れずに言う。感謝の言葉は何回言われても悪い気持ちはしないものである。例えば，総務課の人に電話で何か尋ねたとする。その時は「ありがとうございます」と感謝の気持ちを述べているだろうが，その後にその人と会ったとき，直ぐに「先ほどはありがとうございます」や「先日はありがとうございます」と言葉で表せるかである。思っているだけでは感謝の気持ちは相手に伝わらない。言葉にして感謝の気持ちを伝えよう。

（5）ネットワークの大切さ

　仕事は多くの人に支えられている。人のネットワークで助けられることも多いので人との出会いを大切にする。何か困難なとき良いネットワークがあれば，お互いに協力し助け合うことができる。また，多くの優れた人と交流することで，机上の勉強では得られない思いやりや優しさなどの人柄を直接学ぶことも多い。感じの良い人や気が利く人など，自分と違うと感じた時は，何が自分と違うのかを考えてみる。

　「学ぶ」の語源は真似るである。感じの良い人がいれば積極的にその人の良いところを真似て，自分に無いものを補う努力をして，少しでも自分を高める努力をする。

第Ⅱ部

社員の言動で
会社のイメージが決まる

　会社は個の集合体である。つまり会社という組織は「個人」の集まりで構成されているため，一人ひとりの言葉遣いや立ち居振る舞い等の印象が，その会社のイメージ（印象）を形成する。したがってその会社の社員一人ひとりが，会社のイメージメーカーであり，「会社の顔」と言っても過言ではない。そのためには，組織人である社員一人ひとりが自分の会社を「代表」していることを自覚し，自分の言動に責任を持つ必要がある。

　第Ⅱ部では，「社員の言動で会社のイメージが決まる」というテーマで会社のイメージを決める社員に焦点をあて，第一印象の大切さや言葉遣い，電話応対，来客応対，他社訪問，ホスピタリティやサービスについて学ぶ。また，相手を尊重し，迷惑や不快感を与えず，相手の立場に立ったものの考え方，相手に好感を与え感じの良いとはどのようなことかを考察し，対人能力のヒューマンスキルアップを図る。実技を伴う内容が多いため「知っている」→「できる」→「できた」というように日常生活の中でも実践し，スキルを習得する。

　言葉遣いと態度について考えてみると，言葉を命令形で言っている時は，顔の表情や態度に横着さが表れる。依頼形で言っている時，さらにはクッション言葉＋依頼形で言っている時は，言葉遣いが感じが良いだけではなく，態度は前掲姿勢をとり顔の表情も明るく好感を持つ。このように心で考えていることが，言葉遣いと態度に表れ，これらの二つの関連性がよくわかる。

　こうした内容は，社外のお客様を対象にしているように思えるが，身につけたヒューマンスキルを社内においても発揮し，社外の人に好感を与えるのと同じ気持ちで社内の人とも感じ良く接することで，職場での良好な人間関係を構築することができるであろう。

第1章　第一印象の大切さ

1．第一印象とは

　私たちは，初めて人と会ったときに，その人に対して「好感が持てる」「好感が持てない」などといった印象を持つが，これを，第一印象という。会社では，来客応対，電話応対，訪問，打ち合わせなど仕事を通して社外の人と接する機会が多い。社外の人が社員と初めて接したときに，良い印象を持つことで，社員のイメージだけではなく，その会社全体のイメージまでもが良好なものとなる。また，その逆もあることを忘れてはならない。社員の一人ひとりが会社の顔であることを自覚し，相手に好感を与えるような接し方をすることが大切である。最初に「好感が持てる」「信頼できそうだ」などと好印象を持ってもらい，円滑に交際をスタートさせ，良好な関係を構築することが望まれる。

2．挨拶

（1）挨拶の大切さ

　人と出会ったときや別れるときに，私たちは挨拶を交わす。『大辞泉』（第1版，1995）によれば，挨拶の「挨」は「押す」，「拶」は「迫る」の意である。挨拶は，自分から心を開いて，近づく行為ではないだろうか。相手が誰であろうと，常に自分から積極的に挨拶をするように心がけたい。挨拶をするときには，相手の存在を認め，その人に対して心を開き，近づき，敬意や親愛の意を言葉と動作で示す。相手の存在を認めることは，相手を尊重する態度であり，挨拶をすることは，人間関係を築く原点となる。礼儀正しい，心のこもった挨拶をすることで相手に好感を与え，そこに形成された良好な第一印象は，その後の人間関係を円滑にする。また，初対面の挨拶だけではなく，日頃からTPO（Time, Place, Occasion）に合った挨拶をすることは，職場の人間関係の基礎となる。

（2）挨拶の言葉

- 朝出社したとき　　　　　　　「おはようございます」
- 外出から戻ったとき　　　　　「ただいま戻りました」
- 先に帰るとき　　　　　　　　「お先に失礼します」
- それに応える　　　　　　　　「お疲れ様でした」
- 入退出時　　　　　　　　　　「失礼いたします」
- 感謝の気持ちを伝えるとき　　「ありがとうございます」

（3）感じの良い挨拶のポイント

　感じの良い挨拶をするためには，次に挙げる点を心がけるとよい。①自分から（積極的に），②相手を見て（相手に心を向ける），③笑顔で（優しさ，親しみやすさを表す），④一言添える（コミュニケーションのきっかけとなる），⑤感じの良い声で（相手に聞こえる明るい声で）。

①会釈（15度程度）
人とすれ違うとき，
人前を通るときなどに行う
お辞儀。

②敬礼・普通礼（30度程度）
お客様を迎えるときなどに行う
一般的によく使われるお辞儀。

③最敬礼（45度程度）
深いお礼やお詫びなどを
伝えるときに行う丁寧な
お辞儀。

図Ⅱ-1　お辞儀のいろいろ

（4）お辞儀

　挨拶を行うときの動作としては，お辞儀がある。お辞儀は相手の存在を認め，大切に思う気持ちをその動作で相手に伝えるものである。日常的に行われるお辞儀としては，会釈，敬礼・普通礼，最敬礼があるが，状況に応じて使い分ける。図Ⅱ－1に示すお辞儀の角度は，あくまでも目安であり，心を込めて行うことが大切である。お辞儀は，次の要領で行う。
1）背筋を伸ばし，美しい姿勢で立つ。
2）相手に視線を合わせ，挨拶の言葉を述べる。
3）背筋を伸ばし，頭だけが下がらないように注意して，上体を腰から前に倒す。
4）いったん止め，ゆっくり上体を起こし，相手に視線を合わせる。

3．非言語コミュニケーションの大切さ

　一般には，対人コミュニケーションは，言語によってメッセージを伝える言語コミュニケーション（verbal communication）と言語以外（身だしなみ，表情，視線，動作，話し方，対人距離など）による非言語コミュニケーション（nonverbal communication）に分類される。私たちが人の第一印象を形成するときには，言語だけでなく，非言語も大きな手がかりとなる。マレービアン（1986）は，対人コミュニケーションの非言語に関する実験から，感情についてのメッセージ効力を公式に表し，メッセージ全体に与える非言語の影響力が大きいことを示している[1]。どのような非言語コミュニケーションが好印象に繋がるのだろうか。

（1）身だしなみ

　「人を見かけで判断してはならない」と言われるが，一般的には人を見かけで判断することが多い。ビジネスパーソンは，髪型から足の先（靴など）まで，身だしなみには，注意を払わなければならない。

1：≪感情の総計（100％）＝言葉による感情表現（7％）＋声による感情表現（38％）＋顔による感情表現（55％）≫つまり，言葉と非言語が矛盾したメッセージを発した場合，言葉の影響力は少なく声の調子，表情，視線，姿勢などからその人の感情を察するということである。A．マレービアン，西田司他訳，『非言語コミュニケーション』1986，聖文社。

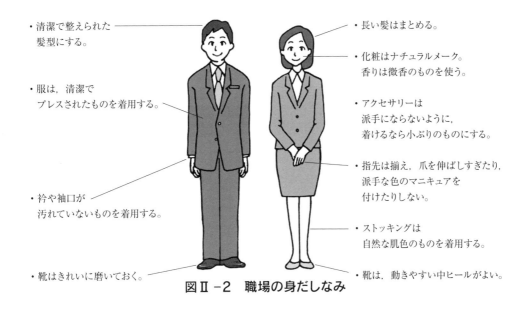

図Ⅱ-2　職場の身だしなみ

　ビジネスパーソンの身だしなみには，清潔感があること，機能的であること，周りと調和していることなどが求められる。その基本となるものは，健康である。どんなに，身だしなみに注意しても，健康を害して顔色が悪ければ，清潔感も感じられない。日頃の生活のリズムを整え，健康には，十分注意を払うことが大切である。職場によっては，制服を着用するが，制服は統一された美しさが感じられるものである。勝手に形を変えたりしないで，本来のスタイルで着用する。

　職場では，接する人に不快感を与えないだけではなく，好感を持ってもらえるように，職場のTPOに合った身だしなみを心がけることが大切である。

（2）表情（笑顔）

　人と会って，まず目に入るのは，お互いの顔である。思いやりのある自然な笑顔からは，温かさや親しみやすさが感じられる。人と接するときには，少し口角を上げたさわやかな明るい笑顔で接するように心がける。

（3）視線（アイコンタクト）

　優しい眼差しによるアイコンタクトは，相手に好感や安心感を与える。人と会話をするときに，相手と視線を合わせること（アイコンタクト）は，相手を尊重する誠実な態度で

ある。相手と視線を合わせずに会話を行うと，相手の存在を認めていないととられ，不誠実な印象を与えることもあるので注意が必要である。社外の人と接するときには，社員の一人ひとりが会社の顔であることを自覚し，相手と視線を合わせて誠実な態度で接することが大切である。

（4）態度

態度は，相手への気持ちを表すものである。常に誠実な態度で人と接することで，相手に好印象を持ってもらい信頼されることは，仕事をしていく上では大切なことである。相手によって態度が変わったり，日によって態度が変わったりするようでは好感を持ってもらうことも信頼関係を築くこともできない。社内外を問わず，誰にでも誠実な態度で接しなければならない。

（5）動作

背筋を伸ばした美しい姿勢やきびきびとした動作は，若さや活動力を表す。また，美しい姿勢は，あらゆる動作の基本である。

① 立ち方
- 背筋を伸ばして顎を引き，視線は正面に向ける。
- かかとをつける。ヒールの高い靴の場合，つま先を少し開くと安定する。
- 肩の力を抜き，手は自然に下ろし，指先は揃え，中指をスカートやズボンの脇線に合わせる。
- 話すときなど，指先を揃えて両手を前で重ねる場合は，肘を張らないように注意する。

② 椅子の掛け方
- 椅子に掛けるときは，いったん椅子の前にきちんと立ってから掛ける。
- 背筋を伸ばして顎を引き，視線は正面に向ける。
- 背もたれに背中をつけない。
- 肩の力を抜き，腕は肘を張らず自然に下ろす。
- 女性は，膝をつけ両足を揃え，手は，指先を揃えて重ね，太腿の上に置く。
- 男性は，膝の間を少し開け，手は軽く握って太腿の上に置く。

③ 歩き方
・背筋を伸ばして，顎を引き，視線は正面に向け，歩く。

④ 物の受け渡し

　物の受け渡しは，両手で行うことを基本とする。両手での受け渡しは，丁寧であり，物を大切に扱っていることを表す。書類など文字が書いてある場合は，相手が読める向きで渡す。名刺など小さな物も同様に扱う。はさみやペンなどは使いやすい向きで渡す。このような渡し方は，相手に対する心遣いの表れである。

（6）話し方

　人の印象形成をする上では，その人の発する言葉だけではなく，話し方（声の大きさやトーン，話すスピード，間の取り方，滑舌のよさなど）も大きな役割を果たす。人と会話をするときには，こちらが伝えていることを相手が理解しているか，相手の表情などから推察し，声の大きさや話すスピードなどを調節する。電話応対や受付応対など対人業務においては，相手に話の内容が正確に伝わるだけではなく，好感を持ってもらえるような話し方を心がける。語尾を伸ばさず，口をはっきり動かして明瞭な発音をして，簡潔に話す。

（7）聞き方

　誠実な聞き方は，相手に好感を与える。相手とアイコンタクトをとり，うなずいたり，相づちを打ったり，質問をしたりしながら積極的に話を聞く。何かをしながら話を聞く態度は，相手に対して失礼である。

（8）言葉遣い

　非言語だけでなく，言葉遣いでもその人の印象が変わる。職場では，立場，年齢，職位，親疎などさまざまな違いのある人と接するが，このような人たちと良好なコミュニケーションをとるためには，言葉遣いには配慮が必要である。相手との関係や状況に合わせて，敬語や相手に与える印象をやわらげる効果のある婉曲話法などを用いて，感じのよい言葉遣いをするように心がける。言葉遣いについては，次章で詳しく述べる。

第2章　言葉遣い

1．コミュニケーション

　『広辞苑』（第6版，2008）によると，コミュニケーションとは「社会生活を営む人間の間に行われる知覚・感情・思考の伝達。言語・文字その他視覚・聴覚に訴える各種のものを媒介とする」と定義づけられている。職場では，指示を受ける，報告・連絡・相談（ホウ・レン・ソウ）など，事実・情報を伝えることはもちろん，来客応対等に見られるように，感謝，お詫びなどの感情を伝える場面も多い。また，私たちは，言葉によるコミュニケーション，いわゆる言語コミュニケーション（verbal communication）だけでなく，非言語コミュニケーション（non-verbal communication）といって，言葉以外の手段，すなわち表情，視線，姿勢や動作，服装や髪型，声の調子，相手との距離などによってコミュニケーションをとっている。

　第Ⅱ部第1章に記載されているように，マレービアンは，相手に感情や態度を伝える場合，言葉より言葉によらないものの影響力が大きく，「感情の総計（100%）＝言葉による感情表現（7%）＋声による感情表現（38%）＋顔による感情表現（55%）」と述べている。つまり，感情，好意（あるいは嫌悪）のコミュニケーションでは，言葉，音声表現，視覚情報（表情，姿勢，動作など）が矛盾した内容のメッセージを送っている場合，音声表現や視覚情報が，メッセージ全体が与える感じを決定するということである。

　また，マレービアンは，この言葉によらないものの影響力は感情と好意（嫌悪）の伝達に限られ，事実を伝えることにおいては，ほとんど当てはまらないと述べている。しかし，報告などの事実の伝達に当たっても，暗い表情，ぶっきらぼうでも事実は伝わるであろうが，その場で沸き上がる不快な感情は，人間関係に影響を与える。声の調子や表情などから，「伝えたい」「理解を得たい」という気持ちを持っているのか，しぶしぶ報告・説明をしているのかを感じ取るからである。言葉と声の調子と表情・動作の調和がとれたときに，初めて相手に正確にメッセージが伝わり，好感を持って受け取られると言える。

　このように，コミュニケーションが言葉だけでなく，非言語という声の調子，表情，動

作などによって成り立っていることを念頭に置いて，言葉遣いについて述べたい。

2．言葉遣い

（1）言葉遣いの重要性

　言葉はコミュニケーションには欠かせないものである。そして，その言葉の遣い方が，周囲との人間関係・信頼関係に大きな影響を及ぼす。
　信頼関係は，日々の積み重ねにより時間をかけて築き上げられたものである。ところが，不用意な言葉遣いが，それまで築いてきたせっかくの関係性を壊してしまうことがある。信頼関係を作るには時間がかかるが，壊れるのは一瞬である。そして，元の信頼関係を取り戻すには，築いた以上の時間がかかるといってよい。
　このように，言葉遣いは周囲との人間関係・信頼関係と深くかかわっていることを認識し，相手との関係性，そのときの状況等を判断し遣うことが大切である。

（2）言葉遣いの心構え

　職場は仕事をする場である。日常会話とは異なり，報告・連絡・相談，来客応対・電話応対等の仕事上のコミュニケーションが主となる。その環境の中では，心を遣った誠実さを土台にして，情報を伝える正確さ，その場と，相手と自分の関係性を考慮した丁寧さ，そして，限られた時間内にいかに端的に要点・内容を伝えるかという簡潔さが求められる。この正確，丁寧，簡潔を実践するために心がけることは，次のとおりである。

① 音声表現に気を配る

　音声表現には，発音，リズム，イントネーション（抑揚），プロミネンス（卓立），ポーズ（間），声の大きさ，早さなどがある。例えば，人の名前の「石川」と「西川」は，母音が同じであるため間違って聞き取られることがある。そのため，「岩石の石」「東西南北の西」のような補足説明をすれば，間違いを避けることができる。
　また，金額や数量など数字に関連した間違いは，大きな損を招くなど取引先やお客さまなどとの信頼関係を損なうこともある。声・言葉だけのやりとりとなる電話応対のときは特に注意が必要で，例えば，「1（イチ）」と「7（シチ）」の取り違えを避けるために，「7」

を「ナナ」と読み，わかりやすさや語感の点から「4（シ）」を「ヨン」と読んだりする。
　この他，間をとる，キーワードやポイントとなる語は大きく・強く・高い音程で言うなどの工夫をすると，内容や話し手の意図が明確に相手に伝わる。

② わかりやすい言葉・表現を使う

　よく言われるのは，職場用語，専門用語，外国語（カタカナ語），流行語，省略表現の使用に気を配ることである。これらの言葉の中には，イートイン，テイクアウトなど，すでに多くの人に認知され日常使われているものもあるが，話す相手の年齢，経験等を考慮し使用することが大切である。
　また，同音異義語・類義語にも注意が必要である。例えば，「しあん」には「思案」「試案」「私案」があるが，ニュース番組では「○○の試案が提出されました」という場合，「試案，試みの案が提出されました」と表現して，正確に伝えるようにしている。
　そして，同じ意味なら相手がよく使う言葉を使う，ということも心がけたい。例えば，「ミルク」と「牛乳」，「ライス」と「ごはん」などがそれである。
　なお，言葉そのものではないが，わかりやすさという点では，具体的表現を心がける，短文で話す，語尾もはっきりとする，ことわざは正しく覚えるなども必要である。

③ 感じのよい表現をする

　感じのよい表現には，次のことを心がけるとよい。

a．適切な敬語，接遇用語を使う

　これについては，「3．敬語」「4．接遇用語」で詳しく述べる。

b．肯定的な表現

　この表現には，「そうですね。あなたのおっしゃることも一理ありますね。しかし，このようなことも考えられるのではないですか」というように，相手の言い分は受け入れた上で，自分の考えを伝えるやり方，イエス・クエスチョン法（イエス・バット法）や，感謝やお詫びの言葉という肯定語を使う方法などがある。

c．婉曲話法

　依頼や断りなどの前に付けて表現を柔らかくするクッション言葉（緩衝語ともいう）や，打ち消し依頼，遠回しの言い方がこれに当たる。一般に，物事を依頼したり断ったりするときに，直接的な表現を避け，婉曲話法を使うことによって，依頼・断りを和らげた表現にすることができる。

〈例〉　・クッション言葉 ――――― 恐れ入りますが
　　　　　　　　　　　　　　　　お手数をおかけいたしますが
　　　　　　　　　　　　　　　　お差し支えなければ
　　　　　　　　　　　　　　　　よろしければ
　　　　　　　　　　　　　　　　失礼でございますが
　　　　　　　　　　　　　　　　申し訳ございませんが
　　　・依頼形 ――――――――― ～願えませんでしょうか
　　　　　　　　　　　　　　　　～いただけませんでしょうか
　　　　　　　　　　　　　　　　～くださいませんでしょうか
　　　・肯定的な表現 ――――――できません → いたしかねます
　　　　　　　　　　　　　　　　わかりません → わかりかねます

（3）「コンビニ敬語」「ファミレス敬語」「ファミコン言葉」について

　「コンビニ敬語」「ファミレス敬語」は「ファミコン言葉」（＝「ファミレス」＋「コンビニ」）などとも呼ばれ，コンビニエンスストア，ファーストフード店，ファミリーレストラン，そしてスーパーマーケットのレジなどでも見聞きするようになった接客表現である。かつて福岡の企業ロイヤルは，経営しているファミリーレストラン「ロイヤルホスト」の従業員に対し，五つの禁止用語とその正しい言い方を提示し改善を求めたが，それらは，このファミコン言葉の典型的な例と言える[2]。

〈ロイヤルの５大禁止語と言い替え〉
① こちらケチャップになります。→　お待たせしました。ケチャップでございます。
② 1,000円からお預かりします。→　1,000円，お預かりします。
③ おタバコの方，お吸いになられますか。→　おタバコは，吸われますか。
④ 山田様でございますね。→　山田様でいらっしゃいますね。
⑤ 以上でよろしかったでしょうか。→　以上でよろしいですか。

　コンビニエンスストア，ファミリーレストランでの従業員の言葉遣いを一定の水準に保つには，マニュアル化したファミコン言葉が必要な面もあるが，変な表現だと感じられる

2：日本経済新聞〔NIKKEI プラス１〕「この言葉よろしかったでしょうか」p.11，2003年５月24日。

ものは使わないようにしたい。

3．敬語

(1) 敬語とは

　日常，私たちは年齢，社会的立場，社会経験等の異なる人の間で暮らしている。ビジネスの現場でも同様に，お客さまとの立場の違い，年齢の差，先輩・後輩，社内での上下関係の中で仕事をする。この立場の異なる相手との距離をうめる言葉が敬語である。人は平等であるが，年齢，職位，経験の差があることは事実であり，それを尊重し接することがコミュニケーションをスムーズにし，人間関係を良好なものにする。

(2) 敬語の種類

　敬語は大きく①丁寧語，②尊敬語，③謙譲語がある[3]。ここでは，まず動詞の敬語から見ていく。

① 丁寧語
　丁寧語は相手を敬って，話しぶりを丁寧にする言葉である。次の様な表現があげられる。

表Ⅱ-1　丁寧語

普通の言い方	丁寧な言い方	改まった言い方
する	します	いたします
ある	あります	ございます
だ	です	でございます
そうだ	そうです	さようでございます

3：文化庁の文化審議会答申「敬語の指針」2007年2月2日では，敬語の種類は1．尊敬語　2．謙譲語Ⅰ　3．謙譲語Ⅱ　4．丁寧語　5．美化語の5種類に分けられている。

〈例1〉　・毎年同窓会をする。
　　　　・毎年同窓会をします。
　　　　・毎年同窓会をいたします。
〈例2〉　・そうだ。そのとおりだ。
　　　　・そうです。そのとおりです。
　　　　・さようでございます。そのとおりでございます。

② 尊敬語

　尊敬語は他人を高め，直接他人の動作や状態を敬った言葉である。したがって，動作や状態を表す動詞の主語，動作や状態の主体は相手・他人である。尊敬語の作り方には次のようなものがある。
1）動詞の語尾に「れる，られる」を付ける
2）動詞を「お（ご）〜になる」で囲む
3）元の動詞とは異なる尊敬語に置き換える

　ここでは，1），2）を付加形式，3）を特定形[4]と呼ぶ。この三つには尊敬の度合いに差があり，1），2），3）の順に高くなる。相手，他人との距離によって使い分ける必要がある。

③ 謙譲語

　謙譲語は自分や自分に属するものを低めて，間接的に他人を敬った言葉である。したがって，動作や状態を表す動詞の主語，動作や状態の主体は自分・自分に属する人である。謙譲語の作り方には次のようなものがある。
1）動詞を「お（ご）〜する」で囲む
2）動詞を「お（ご）〜いたす」で囲む
3）元の動詞とは異なる謙譲語に置き換える

　ここでは，1），2）を付加形式，3）を特定形[5]と呼ぶ。この三つには謙譲の度合いに差があり，1），2），3）の順に高くなる。尊敬語と同様，相手，他人との距離によって使い分ける必要がある。
　なお，謙譲表現に「書かせていただく」「拝見させていただく」など「〜させていただく」

4：「敬語の指針」p.24 で使用されている表現を用いる。
5：「敬語の指針」p.26 で使用されている表現を用いる。

表Ⅱ-2　尊敬語と謙譲語

		尊敬語		謙譲語
	主語(例)	○○さん，○○様		私
付加形式	型	れる られる	お(ご)〜になる	お(ご)〜する お(ご)〜いたす
	書く	書かれる	お書きになる	お書きする　お書きいたす
	読む	読まれる	お読みになる	お読みする　お読みいたす
	聞く	聞かれる	お聞きになる	お聞きする　お聞きいたす
	言う	言われる	−	−
	見る	見られる	−	−
	来る	来られる	−	−
	行く	行かれる	−	−
	する	される	−	−
	いる	−	−	−
	食べる	食べられる	お食べになる	−
	出席する	出席される	ご出席になる	出席する　出席いたす
特定形	読む	−		拝読する
	聞く	−		伺う　承る　拝聴する
	言う	おっしゃる		申す　申し上げる
	見る	ご覧になる		拝見する
	来る	いらっしゃる お越しになる	おいでになる お見えになる	参る
	行く	いらっしゃる		参る　伺う
	する	なさる		いたす
	いる	いらっしゃる	おいでになる	おる
	食べる	召し上がる		いただく　ちょうだいする
	もらう	お受けになる		いただく　ちょうだいする　賜る
	与える	くださる		差し上げる
	借りる	−		拝借する
	座る	お掛けになる		−
	会う	−		お目にかかる
	知る	−		存じる　存じ上げる
	見せる	−		お目にかける　ご覧に入れる
	気に入る	お気に召す		−
	着る	召す		−
	死ぬ	お亡くなりになる		亡くなる
	思う	−		存じる　存じ上げる

という表現があるが，謙り過ぎると良い印象は受けないし，慇懃無礼[6]とも受け取られかねないので，使用に当たっては注意が必要である。

　これまでに述べたことをまとめたものが，左の表Ⅱ-2である。

④「お～くださる」「～てくださる」と「お～いただく」「～ていただく」
　尊敬表現には，前述の作り方の他に，「お～くださる」「～てくださる」がある。

〈例〉・お客さまがお書きくださる

　「くださる」の原型は「くれる」である。上の例文の場合，「書く」という動作の主体と，「くれる」の主語は，相手であるお客さまである。
　また，動作や状態の主体が相手や他人であるが，自分を低めた表現の謙譲語がある。それが「お～いただく」「～ていただく」である。

〈例〉・お客さまにお書きいただく

　「いただく」の原型は「もらう」である。上の例文の場合，「書く」という動作の主体はお客さまであるが，「書いてもらう」のは自分，「もらう」の主語は自分である。

（3）誤った使い方の敬語

　私たちが敬語を使うとき陥りやすい誤りがある。日頃から注意を払い，誤った使い方をしないようにしたい。

① 二重敬語
　読んで字のごとく，一つの語について，同じ種類の敬語を二重に使ったものをいう。次の例は，左側が二重敬語，右側が正しい敬語である。

6：丁寧すぎて，かえって無礼になること。また，うわべは礼を尽くしているようだが，実は相手をばかにして無礼なこと。

〈例〉　　　【誤】　　　　　　　　　　　　【正】
・社長が，ご出社になられました。　　　・社長がご出社になりました。
　　　　　　　　　　　　　　　　　　　　　（出社されました。）

・部長が，おっしゃられました。　　　　・部長が，おっしゃいました。
　　　　　　　　　　　　　　　　　　　　　（言われました。）

・こちらにお掛けになられてください。　・こちらにお掛けになってください。
　　　　　　　　　　　　　　　　　　　・こちらにお掛けください。

ただし，習慣として定着した二重敬語もある[7]。

② 尊敬語と謙譲語の混同

　これには大きく二つある。一つは単純な混同で，尊敬語を使うべきところに謙譲語を使うという誤りである。もう一つは，本来，動詞の原型に付ける尊敬表現「れる，られる」を，謙譲語の語尾に付ける誤りである。
　次の例文では，「いただきましたか」「申しましたか」は，それぞれ「召し上がりましたか」「おっしゃいましたか」という尊敬語で表現すべきところを，「いただく」「申す」という謙譲語を使った単純な混同である。それに対し，「いただかれましたか」「申されましたか」「おられます」は，謙譲語「いただく」「申す」「おる」の語尾に尊敬表現「れる，られる」を付けている[8]。

〈例〉　　　【誤】　　　　　　　　　　　　【正】
・お食事はいただきましたか。(謙)　　　・お食事は召し上がりましたか。
・お食事はいただかれましたか。(謙＋尊)
・何か申しましたか。(謙)　　　　　　　・何かおっしゃいましたか。
・何か申されましたか。(謙＋尊)　　　　　　（言われましたか。）
・お客さまが応接室におられます。　　　・お客さまが応接室にいらっしゃいます。
　（謙＋尊）

7：「敬語の指針」p.30。例として，「お召し上がりになる」「お見えになる」「お伺いずる」「お伺いいたす」「お伺い申し上げる」があげられている。
8：『私たちと敬語』(新「ことば」シリーズ21)には，「おられる」を，謙譲語Ⅱとして使われるようになった「おる」に「れる」を付けたものと考えると，尊敬表現として問題ないということになると記されている。また，平成16年度「国語に関する世論調査」によると，平成9年度調査と比較すると減少してはいるが，「おられる」を敬語が正しく使われていると思うと回答した人は，ほとんどの年代で50％を超えている。

③「お〜してくださる」「お〜していただく」という誤り

正しくは，前述したように「お〜くださる」「お〜いただく」である。「お〜して」は謙譲表現「お〜する」なので，次の例文の「待つ」という動作の主体である相手，他人には使わない。ただし，尊敬表現「お〜になる」と併用した「お〜になってくださる」「お〜になっていただく」は，許容される敬語連結[9]として使われる。

〈例〉　　　　【誤】　　　　　　　　　　　　　　　　【正】
- こちらでお待ちしてください。　　　　　・こちらでお待ちくださいませ。
　　　　　　　　　　　　　　　　　　　　・こちらでお待ちになってくださいませ。

- こちらでお待ちしていただけますか。　　・こちらでお待ちいただけますか。
　　　　　　　　　　　　　　　　　　　　・こちらでお待ちになっていただけますか。

（4）人，会社の呼び方

① 職場での人の呼び方

> 1）社内の人同士の呼び方……社長，〇〇社長，部長，〇〇部長，〇〇さん

社内の人同士では，お互いを「名前＋職名」「名前＋さん」で呼ぶ。本来，職名そのものが敬意を表すので，職名に敬称（さんや様など）を付けなくてよい。

〈例〉
- 部長，田中常務がそのようにおっしゃいました。
- 部長，伊藤課長がそのように言われました。

> 2）社外の人に対する社内の人の呼び方……（社長の）〇〇，（部長の）〇〇，〇〇

社外の人（お客さまや取引先など）に対しては，社内の人は「職名＋名前」または「名前」で呼ぶ。社内の人を身内と考え，呼び捨てにする。

〈例〉・お客さま，(社長の) 鈴木がそのように申しております。

9:「敬語の指針」p.30。この他，許容される敬語連結の例として，「お読みになっていらっしゃる」「ご案内してさしあげる」があげられている。

> 3）社内の人の身内に対するその社内の人の呼び方……○○社長（様，さん）
> ○○部長（様，さん）　○○さん

　社内の人の家族などの身内に対しては，その社内の人は「名前＋職名＋（様，さん）」で呼ぶ。

〈例〉・奥様，山田部長（様）さんがそのようにおっしゃいました。

> 4）社外の人の呼び方……○○社長様，○○部長様，○○様

　社外の人を呼ぶ場合は，「名前＋職名＋様」で呼ぶ。

〈例〉・常務，東西商事の田中部長様がお越しになりました。

② 相手（に属する人・会社）と自分（に属する人・会社）の呼び方

　相手側に対しては尊敬の「お」「ご」の接頭語や「様」が付く。自分側は，社外の人に対する社内の人の呼び方でも述べたように，呼び捨てや「愚息」などの謙遜した表現を使う。

表Ⅱ-3　相手と自分の呼び方

	相手	自分
個人	○○様，そちら様，お客さま	私，私ども
会社	そちら様，御社，○○商事様	私ども，当社，弊社，わが社
家族	お父様，お母様 おじい様，おばあ様 お兄様，お姉様，弟様，妹様 ご令息様，ご子息様 ご令嬢様，ご息女様，お嬢様	父，母 祖父，祖母 兄，姉，弟，妹 息子　愚息 娘

③ 人の呼び方（その他）

　前述の①②以外の人の呼び方には，次のようなものがある。

近い人…………………こちら様，こちらの方(かた)
遠い人…………………あちら様，あちらの方(かた)
その中間の人………そちら様，そちらの方(かた)
わからない人………どちら様，どちらの方(かた)

（5）場面による敬語の使い分け

　これまでは相手・他人と自分という二者を考えて敬語を見てきた。ところが現実にはそれだけでは済まない。相手との間で話題になった第三者のことをどのように表現するかという場面に行き当たる。相手と第三者の関係で敬語の使い方が変化する。しかし，これも，第三者が相手側に属するのか，それとも自分側なのかが判断できるようになれば，適切な敬語を選択することができる。
　一般的には次の四つの場面が考えられる。①1）と2）は，相手，自分，話題の人の3人が社内の人の場合であり，②1）と2）は，相手は社外の人，自分と話題の人は社内の人の場合である。これには，（4）①の職場での人の呼び方も密接な関係がある。

① 社内の人に対して

1）自分より目上の人に，その人よりも立場が上の人のことを言うときは，尊敬語を使う

〈例〉・（課長に）課長，部長が戻るそうです。→　課長，部長がお戻りになるそうです。

2）自分より目上の人に，その人よりも立場が下の人（かつ自分より上の人）のことを言うときは，敬意が弱い尊敬語を使う

〈例〉・（部長に）部長，課長が戻るそうです。→　部長，課長が戻られるそうです。

② 社外の人に対して

1）社外の人に対して社内の人のことを言うときは，社内の人を身内と考え，謙譲語を使う

〈例〉・部長が戻りましたら，ご伝言を伝えます。→　部長の〇〇が戻りましたら，
　　　　　　　　　　　　　　　　　　　　　　　　ご伝言を申し伝えます。

2) 社内の人の身内（家族など）に対してその社内の人のことを言うときは，社内の人を相手と考え尊敬語を使う

〈例〉・部長が戻りましたら，ご伝言を伝えます。→ <u>部長（さん）がお戻りになりました</u>ら，ご伝言を<u>お伝えいたします。</u>

　また，1）では，伝言を自分に属する人（部長）に伝えることになるので，「申し伝えます」と表現する。2）では相手に属する人（部長）に伝えることになるので，自分を低めた謙譲表現「お伝えいたします」となる。

（6）「お（ご）」の使い方

　これまでは動詞の敬語について見てきたが，ここでは名詞の敬語について見てみる。接頭語の「お（ご）」は，尊敬，謙譲，丁寧の意を表す。

① 「お（ご）」を付ける場合

1) 相手への尊敬を表す場合（尊敬表現）

〈例〉お考え，ご意見，ご質問，ご活躍，ご協力

2) 相手の物事を表す場合（「あなたの」という意味を表す）（尊敬表現）

〈例〉お名前，お荷物，お幸せ

3) 自分の言動，物事だが，相手に関係する場合（謙譲表現）

〈例〉・<u>お手紙</u>を差し上げます。　・<u>お返事</u>[10]をいたします。

10：「お」「御」を付けて敬語にする場合の「お」「御」の使い分けは，「お＋和語」「御＋漢語」が原則であるが，変則的な場合（「お料理」「お加減」など）や，「お」「御」がなじまないものもあるので，注意を要するとされている。「返事」については，『言葉に関する問答集―よくある「ことば」の質問―』（新「ことば」シリーズ14）〔問18〕には「お返事」，『言葉に関する問答集4』（「ことば」シリーズ9）〔問36〕には「御返事」の表現がある。

4）言葉を上品，きれいにする場合（男性は省けるものもある）（丁寧表現）

〈例〉お肉，お菓子，ご飯，お茶碗，お客さま，お疲れさまでした

② 「お（ご）」を付けない場合

外来語，自然，建物には，「お（ご）」は付けない。

1）外来語

〈例〉おケーキ，おテーブル

2）動植物，自然，鉱物，色，建物，施設，組織などを表す言葉

〈例〉おにんじん，お黄色，お机，お銀行，お公園

4．接遇用語

接遇用語とは，接遇場面で使われてきた言葉，もてなす時に使う用語である。もちろん敬語も関係があるが，先人から伝えられてきた知恵とも呼ぶべき表現がある。

(1) 大切な言葉（基本的な接遇用語）

職場で良く使われる基本的な接遇用語には，次のようなものがある。オアシス運動[11]の挨拶言葉に含まれ，また，職場の朝礼などでよく唱和したりする。それだけに，日頃から口にしたい言葉と言える。

11：挨拶の実践を促す啓蒙活動。オアシスは「おはよう」「ありがとう」「失礼します」「すみません」それぞれの最初の1文字をつなげたもの（デジタル大辞泉）。

表Ⅱ-4　基本的な接遇用語

状況	接遇用語
挨拶をするとき	・いらっしゃいませ ・いつもお世話になっております
返事をするとき	・はい
感謝をするとき	・ありがとうございます ・おかげさまで
あやまるとき	・申し訳ございません
待たせるとき	・少々お待ちくださいませ
待たせたとき	・お待たせいたしました
承諾するとき	・かしこまりました ・承知いたしました
終わりの挨拶をするとき	・失礼いたします ・ごめんくださいませ

（2）日常的な接遇用語

上述の（1）大切な言葉（基本的な接遇用語）に記載された以外にも，表現を和らげたり感じを良くする言葉がある。前述した婉曲話法や打ち消し依頼が含まれている。これらも，日頃から口にし言い慣れて，使えるようになりたい。

（3）場に応じた接遇用語

ここでは，主に来客応対の場面で使われる表現を取り上げる。クッション言葉，婉曲話法，打ち消し依頼，接遇用語等に気を付けながら見てほしい。

a．受付や取り次ぎをするとき
・失礼でございますが，どちらさまでいらっしゃいますか。
・恐れ入りますが，誰をお呼びいたしましょうか。
・失礼でございますが，どのようなご用件（ご用向き）でいらっしゃいますか。
・恐れ入りますが，ご用件は承って（伺って）おりますでしょうか。
・恐れ入りますが，お約束をいただいておりますでしょうか。
・お待ちいたしておりました。

表Ⅱ-5　日常的な接遇用語

	普通の言葉	接遇用語
1	男の人　女の人	男の方（かた）　女の方（かた）
2	だれ	どちら様
3	きのう　今日	昨日（さくじつ）　本日（ほんじつ）
4	あした　あさって	明日（みょうにち）　明後日（みょうごにち）
5	後で	後ほど
6	ないんです　ありません	ございません
7	そうです	さようでございます
8	できません　やれません	いたしかねます　できかねます
9	知りません　わかりません	存じません　わかりかねます
10	知っていますか	ご存じでしょうか
11	いま席にいません	ただいま席をはずしております
12	いますぐ来ます	ただいま参ります
13	ここに座ってください	こちらにおかけくださいませ
14	どうでしょうか	いかがでしょうか
15	どうしますか	いかがなさいますか　いかがいたしましょうか
16	いいですか	よろしいでしょうか
17	言っておきます	申し伝えます
18	〜もらえませんか	〜いただけませんでしょうか
19	なんとかしてください	ご配慮願えませんでしょうか
20	やめてください	ご遠慮願います
21	もう一度言ってください	もう一度おっしゃっていただけませんでしょうか

b．**案内をするとき**
　・どうぞこちらへおいでくださいませ。　・○○は，ただいま参ります。

c．**部屋，応接室に入るとき**
　・失礼いたします。

d．**見送りをするとき**
　・失礼いたします。　・ありがとうございました。
　・お気をつけてお帰りくださいませ。　・ごめんくださいませ。

e. **上司が不在だったり，面会を断ったりするとき**
   - お約束をいたしておきながら，誠に申し訳ございません。
   - わざわざお越しくださいましたのに，申し訳ございません。
   - ○○は，あいにく外出いたしております。
   - お差し支えなければ，ご用件を承りましょうか。
   - よろしければ，ご伝言を承りましょうか。
   - 戻りましたら，ご用件は確かに申し伝えます。
   - お手数でございますが，日を改めてご足労（お越し）願えませんでしょうか。

f. **自分では判断できないことを聞かれたとき**
   - 私ではわかりかねますので，担当者を呼んで参ります。
   - 係の者に問い合わせまして，後ほどご連絡させていただきたいのですが，よろしいでしょうか。

g. **苦情や注意を受けるとき**
   - ご迷惑をおかけいたしまして，誠に申し訳ございません。
   - 二度と繰り返さないよう，十分に注意いたします。
   - こちらの不手際から，たいへんな失礼をいたしました。
   - さっそく原因を調べまして，お返事を差し上げたいと存じます。
   - ご注意いただきまして，ありがとうございました。

h. **相手に頼むとき**
   - ごめんどうですが，……をお願いできませんでしょうか。
   - お急ぎのところ恐れ入りますが……をよろしくお願いいたします。

i. **確認するとき**
   - 復唱させていただきます。　　・確認させていただきます。

j. **断るとき**
   - 申し訳ございませんが，ご希望にそいかねます。
   - あしからずご了承くださいませ。

k. **詫びるとき**
   - 申し訳ございませんでした。　　・たいへんご迷惑をおかけいたしました。
   - 失礼いたしました。　　　　　　・どうぞ……をお許しくださいませ。

l. **ねぎらうとき**
   - お疲れさまでございました。
   - ご苦労さまでございました（一般に目上の人から目下の人に使う）。

- お手数をおかけいたしました。　・たいへんお世話になりました。
m．用談中の客に，電話を取り次ぐとき
- お話し中のところ失礼いたします。○○様に××様からお電話が入っております。
- ○○様の会社よりお電話が入っておりますが，いかがいたしましょうか。

5．敬意表現

　第22期国語審議会は，「現代社会における敬意表現」答申において，「敬意表現」を提唱している。「敬意表現」とは，「コミュニケーションにおいて，相互尊重の精神に基づき，相手や場面に配慮して使い分けている言葉遣いを意味する。それらは話し手が相手の人格や立場を尊重し，敬語や敬語以外の表現から適切なものを自己表現として選択するものである」[12]。

　この章の始めに，コミュニケーションが言葉だけでなく，非言語という表情，動作，声の調子などによって成り立っていると述べた。使う言葉，目に見える表情・動作等，耳に入る声には，話し手の心が反映される。その日その時，その場所その場面で，相手に対してどのような手段をどの程度使ってコミュニケーションをとるか，そこには，話し手の状況把握力（判断力）と選択能力が表れる。

　これは，何も相手の立場・年齢・職位・経験の差等がある場合にのみいえることではなく，相手が親しい人の場合も同じことがいえる。親しいとつい気が緩んで，くだけた言葉遣いや態度になったり，たとえ冗談でも口にしてはならないことを口走ったりする。「親しき仲にも礼儀あり」というが，親しいからこそ配慮が必要なことがある。

　このように，コミュニケーションの場面は数・様相に限りがない。さらに，相手と場を尊重した（と思える）敬意表現を使ったとしても，その効果の決定権は聞き手にある。これが敬意表現を難しくしている一因であろう。状況把握力と選択能力は一朝一夕には身につかない。大学・短大では言葉遣いの基礎を身につけたい。基礎がなければ応用はない。そして，これからさまざまな場面を経験し，状況把握力と選択能力を磨いていけば，それが周りからの信頼を高めることにつながる。

12：「現代社会における敬意表現」［はじめに］文化庁，2000。

第3章 電話応対

　ビジネスの現場では，電話は必須のツールである。感じの良い，あるいはきちんとした電話会話ができるかは電話応対の課題であり，欠かせないスキルである。電話応対のないビジネスは考えられない。一本の電話が大きなビジネスチャンスとなったり，逆に一本の電話によってビジネスの機会を失うこともある。どのようにすれば感じの良い電話応対や電話会話ができるか，本章では多様な電話応対や電話会話を学び，そのような応対や会話がビジネスになぜ必要かを考察しながら電話応対のスキルを学ぶ。

1．電話応対の大切さ

　「一本の電話」の向こうから聞こえてくる声，話し方や言葉遣いで，会社がイメージされる。つまり電話の第一声が，その会社のイメージであり会社の印象を形作っている。明るく感じの良い応対や会話ができれば，「この会社は，何と感じの良い会社なんだろう」「どんな人が電話に出ているのだろう」と，会社の良いイメージが膨らむばかりでなく，電話に出ている人までもどんな素敵な人だろうと想像する。逆に応対や会話が悪いと「この会社は感じが悪い」と会社全体が悪く評価され，信用や信頼を損なう。つまり声や話し方，言葉遣いを通して，その会社のイメージの善し悪しが決まる。したがって声や話し方，言葉遣いで，誠実さや心を相手に伝えるような電話応対をしなければならない。
　電話の向こうには人がいることを考えて，どのような応対をすれば相手がわかりやすいかなど，相手の立場に立った応対を心がける。電話に慣れてくると事務的な電話応対になり，心の働きが薄らいでくるので，常に初心に戻り，電話に出たり電話をかけることが大切である。また，相手の顔が見えない電話応対は，電話の相手が新入社員かどうかということもわからないので，新入社員であってもきちんとした失礼のない電話応対ができなければならない。電話に出るときは，「私がこの会社を代表して電話にでている」という気持ちで，感じの良い電話応対を行うことが大切である。

2．電話の特性

電話の特性を考えてみる。そうすることで，どのような電話応対をしなければならないかがわかる。

（1）声だけ（明るく感じよく）

電話の特性とは何だろうか。まずは，相手の顔が見えないことである。来客応対であれば目の前に相手がいるので，相手がどんな状態か顔を見るとわかる。しかし，電話応対は，聞こえてくる相手の声だけで，明るい会社なのか，暗い会社なのか，感じの良い会社なのか，感じの悪い会社なのか，人は瞬時に判断する。したがって電話で話をするときは，まずは明るく感じのよい応対をすることが大切である。そのためには，口角を上げて，笑顔で話すことで，いわゆる「笑声」となり，声が明るくなる。実際に無表情と笑顔で声を発して比較してみると，声の明暗を自分で確認でき，笑顔と声のトーンが連動していることがわかる。

（2）即事性（即時性）

どんなに遠方であろうと，電話一本で用事が済み，時間がかからない。このことが電話応対の最大のメリット（利点）ではないだろうか。電話がない状況を考えると，遠方に出向き旅費や時間をかけて用事を済ませなければならないところを，どんなに遠方だろうと電話一本で時間をかけずに直ぐに用事が済む。

（3）一方的（かける方が優位）

電話をかける人は，電話を受ける人の都合に関わりなく一方的に電話をかけることになる。つまり電話をかける方が優位に立っている。
「やむを得ず」電話をかけなければならないときは，いきなり一方的に用件を話し始めるのではなく，例えば次に示すようにひとこと言葉を添えたり，ひとこと詫びることで感じの良い電話応対ができる。

〈例〉
- 多忙な時間帯………「ただいま，お時間よろしいでしょうか？」
- 名指し人に…………「お呼び立てして申し訳ございません」
- お昼休み時間………「お昼休み時間に申し訳ございません」
- 夜，自宅へ…………「夜分に申し訳ございません」
- 休日の人へ…………「お休みのところ申し訳ございません」
- 日曜日，自宅へ……「日曜日のお寛ぎのところ申し訳ございません」

（4）有料（迅速・簡潔）

　最近では「かけ放題」プランなどで追加の通話料が不要な場合もあるが，一般的には電話は無料ではない。電話をかけた人は，受けた人に待たせられると，その時間に対して通話料を負担しなければならない。だらだらと話される時間も無料ではないことを考えると，迅速に簡潔に話すことが必要となる。相手からかかってきた電話でこちらの用件を言わなければならない時は，「こちらの用件ですので，かけ直します」や「いただいたお電話で申し訳ございません」など，電話が有料であるということに対する配慮が必要である。ちょっとした気遣いで感じの良い電話応対ができる。

（5）記録（メモ→復唱→正確）

　電話は，録音機能付きの電話でなければ記録が残らない。そのため，電話の内容を正確に聞き取るために，必ずメモをし，復唱することが大切である。復唱することで，内容が正確になる。

3．電話応対の心構え

（1）正確

　第一に，電話の内容を正確に言ったり，正確に聞き取ることである。そのためには，話の内容をメモし，復唱するなどして正確に話の内容を聞き取る。そのうえで，会話の語尾までもきちんと最後まで正確に言う。日本語は英語と違って，最後まで聞かないと現在なのか過去なのか，肯定なのか否定なのか，わからない。したがって語尾まで正確に言う。

また言葉遣いや敬語を正確に話す。

　聞き間違いやすい言葉は，言い方を変えるなどして正確に話す。例えば，7を「しち」というと「いち」と間違いやすいので「なな」と言ったり，名前の時は，営業の西川さんや総務の石川さんなど，部署名をつけるなどして間違われないように言う。

　敬語の遣い方にも気をつける。例えば，二重敬語や尊敬語と謙譲語を混同するような間違った遣い方をしない。また，発音なども正確に言う。そのためには発声練習などを行い，相手に正確に伝わるよう留意する。

（2）迅速

　電話の特性でも述べたように，電話は無料ではない。有料である。電話をかけた方はお金を払わなければならないことを考えると，迅速に時間をかけないように話すことが大切である。例えば，「少々お待ちくださいませ」と言われて1,2分待たせたことでも，待つ身になると5分位待つように感じられる。待つ身になって迅速に対応することが大切である。

　会話の内容に資料等が必要な可能性があれば，電話をかける前に資料の準備をしてから電話をかけることで，相手を待たせなくてよい。

（3）簡潔

　迅速に用件を伝えるためには，用件を簡潔に話す。だらだらと話さず，きちんと相手にわかるようにポイントをおさえて話す。そのためには電話をかける前に，電話の内容を簡単にメモしておく。特に用件が複数ある時は，「1．……，2．……，3．……，4．……」と箇条書きしておき，電話が終わった後に言い忘れがないようにする。

（4）丁寧

　簡潔に話す中にも，きちんとした丁寧な言葉遣いが求められる。言葉遣いを丁寧に話すことで感じ良い電話応対となる。また，電話器の取り扱いにも注意する。例えば受話器を置く時，がちゃんと受話器を置くのではなく，フックをまず指で押さえ，そして静かに受話器を置く。

　相手が目の前にいないのに「ありがとうございます」というお辞儀の動作をしているの

を見かけるが，このくらい丁寧にすることで，その誠実な心と気持ちが相手に伝わる。相手には見えていないが，見られている気持ちで電話応対をする。

（5）その他

① 姿勢

　電話会話中は，姿勢を正す。姿勢は心の表れである。肘をついたり，足を組んだりしていると電話線を通して，横着な言葉遣いや態度が声に表れる。まずは，姿勢を正すことである。

② メモ用紙と筆記具

　電話器の側には，いつでもメモを取れるようにメモ用紙と筆記具を準備しておく。話の内容を頭で覚えようとするのではなく，メモをとり，復唱することで内容を正確にする。例えば，右利きの人は左手に受話器，右手でメモをとれるようにする。

③ 周囲の人の注意

　電話で会話中の周囲で大声で笑ったり話したりすると電話線を通して，相手にその笑い声や大声が筒抜けになる。電話中の時は，周囲の人も注意が必要である。

④ 約束時間の電話

　何時に電話をすると言った相手には，必ず約束の時間に電話をすること。相手はかかってくる電話を待っている。

4．電話のかけ方

（1）電話をかけるタイミング

　次のような時間帯は，相手が多忙な可能性があるので考慮する。
・就業開始時間直後，特に月曜日の午前中
・お昼休み，直前直後
・就業終了時間直前，特に休日前

（2）電話をかける前に準備すること

① 伝えるべき内容を箇条書きする
　電話会話の内容をメモしておく。特に複数の用件がある時は箇条書きしておき，話した内容を確認のためにチェックする。そうすることで話し忘れがなくなる。

② 資料を準備する
　会話の内容に必要な資料等があれば事前に準備しておく。会話中に資料を取りに行ったりすると待たせている時間の電話代や時間が無駄になる。

③ 電話番号を確認する
　電話番号を間違うと，電話代がかかる。間違ってかけた相手にも迷惑をかけることになる。通話料は無料ではないので，間違わないように電話番号を確認する。

（3）電話のかけ方のポイント

　電話をかけた時は，次のようなことが考えられる。
- 名指し人本人が出る
- 名指し人の取り次ぎを頼む
- 名指し人が不在
- 電話に出た相手に用件を話す

　本人が電話に出られたら，自分を名乗り，挨拶を終えたらいきなり用件にはいらずに「ただいまお時間よろしいでしょうか」や「お忙しいところ，申し訳ございません」など相手の都合を伺う。

　次に「○○の件でお電話いたしました」。
　用件が複数あるときは，まず「用件が何件ございます」と言ってから「一つめは……」「二つめは……」と言ってから用件を話す。最後に「以上でございます」と言う。

（4）電話のかけ方の実際

かける前の準備	・用件をメモする（5W3H） ・資料の準備 ・相手の電話番号・所属・役職名を確認する
↓	
電話をかける	
↓	
名乗る	「わたくし，○○会社の××と申します」
↓	
挨拶をする	「いつもお世話になっております」
↓	
取り次ぎ依頼	「恐れ入りますが，○○課の○○様をお願いいたします」
↓	
名指し人につながる	・名指し人が出たら，名乗ってもう一度挨拶をする

または〈名指し人不在の時〉

- かけ直す
- かけてもらう
- 伝言を頼む

　　相手にメモをとってもらい，要点を復唱する。
　　応対した相手の名前を聞いておく。
　　＊相手の名前を聞くということは，相手もきちんと伝言をしなければならないという責任が生ずる。こちらは名前を聞くことで安心感がある。

↓	
用件を告げる	・必要な事柄を要領よく話す。 　いきなり用件に入らずに「お忙しいところ，申し訳ございません」「ただいま，お時間よろしいでしょうか」。 ・結論を先に「○○の件でお電話いたしました」。 ・話が長くなりそうなとき「少し長くなりそうですが，ただいま，お時間よろしいでしょうか」。
↓	

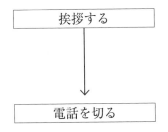

「ありがとうございました」
「失礼いたします」
「よろしくお願いいたします」

- 原則としてかけた方から先に静かに受話器を置くが，相手が目上であったり，お客様の場合には相手が電話を切るのを待ってから静かに受話器を置く

（5）その他のポイント

- 言葉遣いは正しく
- 笑顔を忘れないように
- 適度な相づちを入れる
- 姿勢に気をつけて
- 会話の途中で電話がきれたら，原則としてかけた方がかけ直す

5．電話の受け方

（1）第一声の大切さ

会社を代表していることを意識して，明るく感じよく電話に出る。

（2）受け方の実際

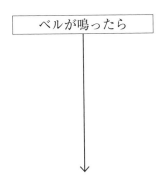

- 直ぐに出る（待たせたときは一言詫びる）

　ベルが1回鳴って出たら，「はい，○○会社でございます」，3，4回の時は「お待たせいたしました」，5，6回の時は「大変おまたせいたしました」。逆に全くベルが鳴らないで，リッと鳴っただけでとると未だ相手は心の準備ができていないので，一度はベルが鳴ってから受話器をとる。

第Ⅱ部 社員の言動で会社のイメージが決まる

↓	
会社名を名乗る	・左手に受話器を持ち，右手でメモをできるようにする。 「はい，○○会社でございます」
↓	
相手の確認	「○○会社の××様でいらっしゃいますね」
↓	
挨拶する	「いつもお世話になっております」
↓	
用件を伺う	・正確にメモをとり，復唱し確認する。
↓	
または 取り次ぐ	・速やかに名指し人に取り次ぐ。

〈名指し人が不在のとき〉
・不在であることを告げ，お詫びをする。
・伝言するか，こちらから電話をするか，他の担当者と変わるか相手の意向を伺う。
　こちらからかける時は相手の電話番号を聞いておく。
・伝言を頼まれたら必ず用件を復唱し確認する。
　　自分の名前を名乗る（名前を名乗ることで，必ず伝言をしなければならないという責任が生ずる。また逆に相手は，名前を聞くことで安心感がある）

↓	
挨拶する	「失礼いたします」 「よろしくお願いいたします」 「ありがとうございます」など
↓	
電話を切る	・相手が電話を切ってから静かに受話器を置く
↓	
処理	・伝言がある時はメモを作成し，相手が気がつくように机上に置く。その際，メモが飛ばないように配慮する。本人が戻ったらメモを見てもらえたか確認する。

6．電話会話の基本

　次の電話の基本会話を覚えて，練習しよう。次の章の来客応対でも基本になる会話である。また，基本会話と同時に，取り次ぎまでを一緒に覚える。電話の基本会話はできても「○○の××様からお電話です」と言えず，「誰からですか？」と尋ねられて応える新人がいる。取り次ぎの言葉まで一緒に覚えると役に立つ。

〈基本会話〉

A（かける）	B（受ける）
	はい，○○でございます。 …………………………………… （「はい」は，外部からの電話で接続が悪い時，「はい」を言っておくと「はい」は聞こえなくても「○○でございます」は聞こえる）
わたくし，○○会社の××と申します。 …………………………………… （わたしではなく，きちんと「わたくし」という。「申します」と謙譲語を使う）	
	○○会社の××様でいらっしゃいますね。　いつもお世話になっております。 …………………………………… （相手の会社名と名前を復唱することで，正確になる。さんよりも「様」の方が丁寧である。「いつもお世話になっております」はビジネスの常套句である）

A（かける）	B（受ける）
こちらこそお世話になっております。恐れ入りますが，□□課の××様をお願いいたします。 …………………………………… （挨拶を繰り返す。「恐れ入りますが」というクッション言葉を使う。「お願いいたします」だけでなく「いらっしゃいますでしょうか」という言い方でもよい）	
	□□課の△△でございますね。 かしこまりました。 少々お待ちくださいませ。 …………………………………… （名指し人の名前を復唱することで正確になる）

名指し人に変わるとき

（名指し人に受話器を渡すとき） 「△△さん，○○の××様からお電話でございます」	

	（名指し人が電話に出る） 「お待たせいたしました。 △△でございます」

7．基本用語

① 電話に出るとき
- はい，○○でございます。
- おはようございます。○○でございます。
- お待たせいたしました。○○でございます。

② 相手を確認し，挨拶をする
- ○○会社の××様でいらっしゃいますね。
- いつもお世話になっております。

③ 相手の会社名，名前，用件を確認するとき
- 失礼ですが，どちら様でいらっしゃいますか（どちら様でしょうか）。
- 恐れ入りますが，どのようなご用件でしょうか。

④ 名指し人が本人のとき
- はい，わたくしでございます。

⑤ 名指し人が本人以外のとき
（不在時は戻る時間などを言うと親切である。その上で相手の意向を聞く）
- △△でございますね。
- かしこまりました。少々お待ちくださいませ。
- 申し訳ございません。あいにく△△は席をはずしております。
- 出かけておりますが，○時ごろには戻る予定でございます。
- 戻りましたら，お電話をさしあげるようにいたしましょうか。
- わたくし，□□と申しますが，おさしつかえなければ，ご用件を承っておきましょうか。

⑥ 伝言を聞いたとき
- 復唱させていただきます。「……」とのことでございますね。かしこまりました。確かに△△に申し伝えます。
- ○○会社の××様よりお電話をいただきましたことを，△△が戻りましたら確かに申

し伝えます。

⑦ 自分の名前を最初に言いそびれたとき
- 申し遅れましたが，わたくし○○課の□□と申します。
- かしこまりました。確かに申し伝えます。

⑧ 終わりの挨拶
- 失礼いたします。
- お忙しいところ，ありがとうございました。
- よろしくお願いいたします。

8．多様な電話会話のポイント

① 不在者の行動を軽々しく話さない
　基本的に「少々お待ち下さいませ」「席をはずしております」「外出いたしております」「出張中でございます」など，どこに行っているというような具体的なことは言わない。

② 聞き取りにくいとき
　相手の声が小さくて聞き取れないときは，声が小さいなどとストレートに相手の身体的なことを言うといやな気持ちになる。したがって「恐れ入りますが，お電話が遠いようですが」と電話器のせいにしてしまう。その際，少しゆっくり言うなどして，相手が聞き取りやすいように話す。特に日時，金額，電話番号などの数字や名前，固有名詞などは少しゆっくり話し，わかりやすくするような心遣いが必要である。

③ 間違い電話でも応対は丁寧に
　間違い電話であっても丁寧に応対する。「こちらは○○会社でございますが，どちらにおかけでしょうか」や「こちらは何番でございますが，何番におかけでしょうか」など，相手を詰問するような聞き方をせずに，間違い電話に対しては，こちらで何かできることがないかを考えて親切に応対する。特に最初に「○○でございます」と会社名を名乗っているので，このような間違いの電話の対応のしかた一つで，その会社や社員の真摯な姿勢が伝わる。

④ かかってきた電話で自分の用件を言うとき

　かかってきた電話で当然のようにこちらの話をしないで,「こちらの用件ですのでかけなおします」や「いただいたお電話で申し訳ございません」などと電話をかけ直すなどの配慮が必要である。

⑤ わからないことを聞かれたとき

　特に新人で内容がわからないときは,いい加減で曖昧な返事をしないで,上司や先輩と替わる。その際,上司や先輩と替わるときは,電話を替わる前に,相手の用件を伝えておく。そうすることで,上司や先輩は返事がしやすいと同時に,相手は何度も同じ事を話さなくてよい。また,時間がかかりそうなときは,調べてこちらから折り返し電話をする旨を伝える。特に電話の「たらい回し」にならないように気をつける。

⑥ 個人の携帯番号や自宅住所などを聞かれたとき

　個人の携帯番号や自宅住所などの個人情報を教えてはならない。特に「急ぐ」と言われても相手の電話番号を聞いて「こちらからおかけ直しいたします」などと言って,答えてはならない。

⑦ 重要なことに対して簡単に答えない

　よくわからないような相手や質問に対して,簡単に重要な内容を答えてはならない。重要な用件,例えば数字などを聞かれた時は,簡単に答えずに「担当部署からお電話いたします。恐れ入りますがお電話番号をお教えください」などと言って,相手の電話番号を聞く。怪しい電話等に簡単に応えないように留意する。

⑧ 社員の家族の電話には敬語をつかう

　通常の電話には,社内のことを話すときは尊敬語を使わず謙譲語となるが,社員の家族などに対しては,尊敬語を使う。例えば,通常の電話では「××は」というが家族の電話に対しては「××さん」というように,名前を呼び捨てずにせずに,「さん」付けにする。

⑨ 住所を聞かれたとき

　郵便番号から答える。郵便番号を言われないと書類などを送付するような場合には,郵便番号を調べなくてはならない。また住所の漢字なども相手が間違わないように漢字の説

明を加える。「○○は，××という漢字を書きます」と言って説明を加えることで正確に書ける。反対に相手の住所を尋ねた時は，必ず復唱をして確認する。いずれにしても住所を書く立場に立って考えてみることが大切である。

⑩ 会社の案内

電話で場所を聞かれたときは，目印になるようなポイントの箇所をきちんと説明できるようになっておく。初めて訪れる人にわかりやすい説明を心がける。

9．発声練習と早口言葉

電話会話で，相手が聞き取りやすいように発声練習や早口言葉の練習をする。

① 発声練習

アエイウエオアオ，カケキクケコカコ，サセシスセソサソ，タテチツテトタト，ナネニヌネノナノ，ハヘヒフヘホハホ，マメミムメモマモ，ヤエイユエヨヤヨ，ラレリルレロラロ

ガゲギグゲゴガゴ，ザゼジズゼゾザゾ，ダデヂヅデドダド，バベビブベボバボ

② 早口言葉

- 隣の客はよく柿食う客だ
- 生麦生米生卵
- かえるぴょこぴょこみぴょこぴょこ　合わせてぴょこぴょこむぴょこぴょこ
- あの竹垣へ竹立てかけたのは竹立てかけたかったから竹立てかけたのだ

10. 電話の伝言メモ

　会社によっては，次のような帳票化された電話用の伝言メモがあるので，それを利用し，伝言を書く。メモにはきちんと日付，時刻，取扱者名を必ず書く。伝言メモを置いた人が席に戻った時は，伝言メモを机上に置いていることを伝え，ひとこと言って見ていただいたかを確認することが大切である。

```
          伝　言　票
   _____ 様
   _____ の _____ 様
   (　) お電話がございました
   (　) お電話ください
        電話番号は (_____)
   (　) 来訪されました
   伝言は次の内容です。
   _____
   _____
   _____
   _____
       月　日(　)　時　分
     取扱者名(　　　　　　　)
```

図Ⅱ-3

11. 留守番電話

　留守番電話によっては録音時間が短いものもあるので，簡潔に話すように心がける。どこの誰が電話をかけているかをわかるように最初に簡潔に話す。特に家庭の固定電話にかけているのであれば，家庭内の誰にかけている電話なのかを最初にきちんと言うことが大切である。「○○様のお宅でしょうか。○○××様にお電話をしております」など誰へのメッセージかを明らかにしてから伝言を話す。

12. 携帯電話

　携帯電話をかける時は，騒がしい場所からの電話会話はさけて，静かな所で電話をかける。また，携帯電話はどこでも受けることができる便利なツールであるが，アポイントメントという約束をして面会している相手は，自分のために貴重な時間をとってもらっている。どうしてもやむを得ない場合には，お会いしたときに最初に断っておく気遣いが必要であり，可能な限り短時間で通話を終わらせる。それ以外は，基本的にはマナーモードにしておくか電源を切るなどするのが，アポイントメントをとり約束した相手に対する気遣いである。

第4章 来客応対

1. 接遇とは

　接遇とは,『広辞苑』（第6版, 2008）によると「もてなし・接待」とある。心を込めて, お客様を迎えて接待をし, 見送るまでの行為である。企業における来客応対の目的は来訪者に最良のもてなしをし, 最大の満足をしていただき, これからの良好な人間関係を築いていくことである。社内外の人から信頼され「この人に任せておけば安心」と言われるようなビジネスパーソンを目指し, 接遇の知識や技術の習得に努めることが大切である。

2. 来客応対

　企業で行う来客応対では, 会社の雰囲気や応対する社員の話し方・態度・動作などでその会社の評価が左右される。会社を代表しているということを意識して, お客様の来社目的を把握し, 来社していただいたことに感謝の気持ちを持って, 応対することが必要である。
　この章では, 来客応対の基本である心構えや・言葉遣い・態度・環境整備などについて考える。
　言葉遣いはできるかぎり丁寧な表現を用いたが, TPOに合わせて丁寧さは変わる。

（1）来客応対の心構え

　来訪に対する感謝の気持ちを持って, お客様の立場に立った誠実な応対が必要である。お客様に気持ちよく来社の目的を果たしていただき, 良好な人間関係, 取引関係を築いていくためにはアポイントメントの有無にかかわらず, 以下の心構えを忘れずお客様に接するように心がける。

a．正確に
- 相手の名前・用件・目的を正確につかむ。
- 復唱は必ず行い，場合によってはメモをとる。

b．迅速に
- 相手を待たせず，機敏に処理する。
- 日頃から社内外の情報収集に努めると迅速に動ける。
- 相手を待たせるときには，その旨を伝える。

c．公平に
- 先着順を基本とし，相手の身分や服装，言動，自分との親密度にかかわらず平等に接する。

d．誠実に
- 形や言葉だけの応対でなく，真心のこもった応対を行う。

e．丁寧に
- 笑顔を添えて，丁寧な言葉遣いや感じの良い態度で接する。

f．親切に
- 思いやりのある態度で接する。

（2）環境整備

受付や応接室は接遇の場として次のようなことに配慮し，いつでもお客様を迎えるにふさわしい環境を整える。

① 照明，採光，温度，換気などに気を配る。
② 日ごろから応接セットのカバー，家具，絨毯などの手入れをする。
③ 応接室や会議室は使用後，速やかに片付け，空気の入れ替えをし，次の来客に備える。
④ 飾っている花や観葉植物などの枯れた花や葉は取り除き，絵画などは傾いていないか確認する。

（3）来客応対の流れ

来客応対は，

の流れで行う。

① 受付では

受付は，訪れるお客様の会社に対する第一印象を作り上げる重要な役割を担っている。常に会社を代表している気持ちで明るく丁寧に応対することを心がける。受付係がいない場合は，出入り口近くに座っている人が，お客様の姿を見たらすぐに応対する。

①お客様の姿が見えたら，さっと立ち上がり笑顔で「いらっしゃいませ」と迎え，約束のあるお客様には「お待ちいたしておりました」と付け加える。

②お客様の会社名・名前・用件・アポイントメントの有無を確認し，担当者，担当部署に連絡する。名刺をいただいたときはお客様の名前を復唱する。

　・「○○会社の△△様でいらっしゃいますね」

＊1 名刺を出された場合

　・「頂戴いたします。○○会社の△△様でいらっしゃいますね」

　・「お預かりいたします。○○会社の△△様でいらっしゃいますね」

＊2 会社名や名前を名乗られないとき

　・「失礼ですがどちら様でいらっしゃいますか」

② 取り次ぎ

a．アポイントメントがある場合

お客様の会社名・名前を確認したあと，速やかに名指し人に取り次ぐ。

＊1　お客様が受付で待つ

「○○会社の△△様でいらっしゃいますね。お待ちいたしておりました。山田はただいま参りますので少々お待ちくださいませ」

＊2　お客様を応接室に案内する

「○○会社の△△様でいらっしゃいますね。お待ちいたしておりました。応接室にご案内いたしますのでこちらへどうぞ」

＊3　お客様に名指し人の部署へ行ってもらう

「○○会社の△△様でいらっしゃいますね。お待ちいたしておりました。総務部は3階でございますのでそちらのエレベーターでお上がりくださいませ」

b．アポイントメントがない場合

面会予約がない場合は安易に取り次がず，お客様の名前と用件を確認し，名指し人に取り次いでよいか確認する。仕事の都合やその他の理由で，お客様に会えない場合もあるので取次や応対には十分注意する。

- 「失礼ですが会社名とお名前をお聞きしてもよろしいでしょうか」
- 「失礼ですがどのようなご用件でしょうか」
- 「ただ今確認してまいりますので，少々お待ちくださいませ」

c．名指し人が外出や会議中でお客様に会えない場合

申し訳ないという気持ちで応対する。差し障りがなければ不在理由（席を外している，外出中，出張中など），帰社予定時間などを伝え，「伝言を聞く」「代理の者に会ってもらう」などお客様の意向を尋ねる。

＊1　代理の者に会ってもらう

「誠に申し訳ございません。○○は外出いたしております。3時ころには戻る予定でございます。よろしければ代わりに△△がご用件を承りますがいかがでしょうか」

＊2　伝言を聞く

「誠に申し訳ございません。○○は外出いたしております。3時ころには戻る予定でございます。私△△と申しますが，よろしければご伝言を承りましょうか」

d．儀礼的な挨拶の来訪の場合

転任や就任，年賀などの儀礼的な挨拶は予約を取らずに来訪する場合が多いが，短時間で用件が済むので，できる限り取り次ぐ。名指し人が不在の場合は代理の者に会ってもらう。

- 「このたびはおめでとうございます」（栄転の場合）や「ご丁寧にありがとうございます」などの言葉を添えて取り次ぐ。

③ 案内

案内するときは「応接室にご案内いたしますので，どうぞこちらへ」と一声かけてから案内する。お客様の歩幅や歩く速度を確認しながら，明るい声と丁寧な対応を心がける。

a．廊下では

お客様に中央を歩いてもらいお客様の数歩斜め前を歩く。

- 時々振り返って，お客様の歩く速度を確認する。
- 曲がり角では「こちらでございます」と手で方向を示しながら案内する。

b．階段では

　行き先の階を事前に告げてから案内する。階段を先に上るときはお客様に先に上がっていただくが，案内者が先に上がるときはお客様に「お先に失礼いたします」と一言断り，お客様に背中を向けないよう体を少し斜めにして案内する。階段を下りるときは案内者が前になって案内する。

c．エレベーターでは

＊1　乗るとき
- エレベーターは案内する人数により乗り方が違う。エレベーターの前で「○階にご案内いたします」と言い，お客様が一人の場合は「どうぞ」と声をかけ，ドアを手で押さえ，お客様に先に乗っていただく。お客様が複数の場合は，「お先に失礼いたします」と一声かけた上で先に乗り，「開」のボタンを押し，後からお客様に乗っていただく。

＊2　降りるとき
- 「こちらでございます」と言って「開」のボタンを押し，もう片方の手でドアを押さえ，お客様に先に降りていただく。

d．応接室では

　応接室の前で「こちらでございます」と言い，ドアプレートの「在室」「空室」にかかわらず，ノックをしてからドアを開ける。

＊1　外開きのドア
- 手前にドアを引いて，お客様に先に入ってもらう。

＊2　内開きのドア
- 案内人がお客様より先に入り，お客様を招き入れる。
- お客様に「どうぞあちらにおかけくださいませ」と上座をすすめる。
- お客様が座ったことを確認したら，「山田はただ今参りますので少々お待ちくださいませ」や「失礼いたします」と言って退室する。

（4）接待（茶菓の接待）

　応接室にお客様をご案内した後，お茶やお菓子などを出し，お客様にくつろいでいただく。一杯のお茶はお客様の訪問への感謝とねぎらいの意を表し，その場が和み，話がスムーズに進むこともある。お茶を出すときは面談の邪魔にならないよう短時間で出し終える。

① お茶の入れ方
①手をきれいに洗う。
②湯呑，茶托を人数分揃え，傷や汚れがないかを調べる。
③湯呑や急須をお湯で温める。
④急須のお湯を捨て，人数分の茶葉を入れ，湯を注ぐ。
⑤お茶の濃さが均等になるように急須を往復させて2回くらいに分けてお茶を注ぐ。
　お茶の量は7分目くらいにする。食事と一緒に出すときは8分目くらいにする。
⑥湯呑の底（糸底）を布巾でふき，湯呑の絵柄がお客様の正面になるようにお盆にセットする。
⑦お盆は両手で胸の高さで運ぶ。

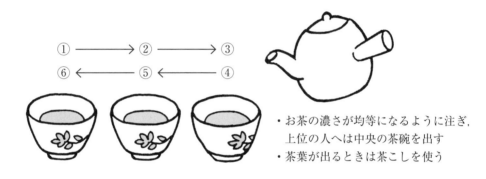

図Ⅱ-4　お茶の入れ方

② お茶の出し方
　お茶を出すときは，以下の手順で行う。
①応接室をノックして，「失礼します」と言ってから入る。
②お辞儀や挨拶をするときはお茶に息がかかったり髪の毛が落ちないように，お盆を少し斜め横にずらす（蓋付きの湯飲みの場合はずらさない）。
③サイドテーブルにお盆を置き，湯呑の絵柄をお客様の正面に向けて出す。
④茶托を両手で持ち，「どうぞ」と言葉を添えて，上座の方から出す。名刺交換など挨拶を交わしているときは終わるのを待つ。
⑤湯呑に絵柄がある場合は，絵柄がお客様の正面になるように置く。蓋がついている茶碗の場合は蓋と湯呑の絵柄を合わせる。茶托に木目があれば木目が横になるように出す。お茶とお菓子を一緒に出すときはお菓子を先に出し，次にお茶をお菓子の右側に置く。

テーブルの上に書類などがあるときは「こちらでよろしいでしょうか」などと湯呑を置く場所を確認する。
⑥サイドテーブルがないときは、お盆をテーブルの下座側におき、お茶を出す。テーブルにお盆を置けないときは片手でお盆を持ち、片手でお茶を出すこともある。
⑦お茶を出し終えたら、お盆をわきに抱え、ドアの前で「失礼いたします」と一礼して退出する。お客様になるべく背中を向けないように注意して退出する。
⑧面談が長引き、再度お茶を出すときは、先に出したものを一旦下げてから新しいものを出す。できればこの時、お茶の種類や湯飲みを変える心遣いも必要である。
⑨お茶を出し終えたら、ドアの前で一礼して退出する。

図Ⅱ-5　お茶の出し方

③ お茶の種類

お茶は種類により味わいが違ってくる。おいしいお茶を入れるにはお湯の温度、茶葉の量に注意して入れるように心がける。高級な茶葉ほどお湯の温度が低い。

表Ⅱ-6　お茶の種類

お茶の種類	お茶の葉の量	お湯の量	湯の温度	浸出時間
玉　露（2人分）	7〜8g	100 cc	50〜60℃	2分半〜3分
煎　茶（2人分）	7〜8g	200 cc	70〜90℃	1〜2分
玄米茶（2人分）	10g〜11g	300 cc	100℃	30秒
ほうじ茶				

（5）面談中の取り次ぎ

　面談中，お客様や担当者への伝言や電話の取り次ぎは，メモで行う。ドアをノックして「失礼します」と声をかけて入室し「お話し中失礼いたします」と言ってメモを見せ，返事を確認してから「失礼いたします」と言って退室する。

（6）見送り

　来訪に対する感謝の気持ちを込め，丁寧に挨拶をする。見送り方は応接室，エレベーター前，車までといろいろである。
　＊1　応接室で見送る場合
　　・お客様の姿が見えなくなるまで見送る。
　＊2　エレベーターまで見送る場合
　　・お客様が乗られたら「失礼いたします」と一礼し，ドアが閉まるまで見送る。
　＊3　車のところまで見送る場合
　　・車が出ようとするときに一礼して，車が見えなくなるまで見送る。

（7）後片づけ

　面談が終わったら忘れ物がないかチェックし，応接室を片付け，次の面談に備える。また，お茶の葉などの常備品は早めに補充する。

3．他社訪問

　他社を訪問する場合は，相手の貴重な時間をいただくという意識を持つことが大切である。突然の訪問は失礼になるので，他社を訪問する際はお互いの時間を効率よく有効に使うために必ず事前に約束（アポイントメント）をとる。訪問の目的，希望日時，同行者，所要時間などを伝え，先方の都合を尋ねる。一方的にこちらの都合を押し付けないよう気を付けることも大切である。転任や就任，年賀や年末の儀礼的な挨拶の訪問は短時間で済むため，アポイントメントなしで訪問する場合もある。人の印象は服装や髪形などの外見

表Ⅱ-7　接遇時の基本用語

応対の場面		基本用語
受付の取り次ぎ	来客を迎えたとき	「いらっしゃいませ」
	アポイントがある	「○○会社の△△様でいらっしゃいますね。お待ちいたしておりました」
	アポイントがない	「失礼ですが本日はお約束をいただいておりますでしょうか」 「失礼ですが会社名とお名前をお聞きしてもよろしいでしょうか」 「失礼ですがどちら様でいらっしゃいますか」
	用件を確認する	「失礼ですが本日はどのようなご用件でしょうか」
案内のとき	応接室へ	「応接室にご案内いたしますのでこちらへどうぞ」
	名指し人の部署へ	「総務部は3階でございますのでそちらのエレベーターでお上がり下さいませ」
名指し人と会えないとき	代理の者に会ってもらう	「申し訳ございません。○○は外出いたしております。3時ごろには戻る予定です。よろしければ代わりに△△がご用件を承りますがいかがでしょうか」
	伝言を聞く	「申し訳ございません。ただ今，○○は会議中でございます。私△△と申しますが，よろしければご伝言を承りましょうか」
見送りのとき（訪問の用件にふさわしい言葉）		「失礼いたします」 「本日はありがとうございました」

で判断されることが多いので，TPOにあった身だしなみを心がけることも大切である。

（1）訪問

① 訪問前の準備

　必要な資料や情報を収集し，持参する資料は出席者全員分を用意する。アポイントメントを取ってから訪問予定日までに日にちがあったら前日に変更などが生じていないか最終確認の電話を入れるとよい。やむを得ずこちらの理由で訪問できない事由が生じたときは，わかった時点で速やかに連絡し，丁重にお詫びをした上で，改めて日時の調整をお願いす

る。直前のキャンセルは正当な理由があっても先方に多大な迷惑をかけることになるので，極力避けるようにしなければならない。

② 受付では

　受付に行く前に身だしなみを整え，コート類は玄関で脱ぎ，5分前には受付に到着するように心がける。遅刻は厳禁だがあまり早すぎても相手に迷惑である。

　受付では会社名，名前，約束の時間などを告げ，名指し人に取り次いでもらう。応接室に案内される場合は，案内者の斜め後ろをついていく。

③ 応接室では

　応接室に案内されたら勧められた席に座るが，勧められない場合は下座に座る。コートやカバンは椅子の横に置く。担当者が応接室に入ってきたらすぐに立ち上がり，名刺交換をする。「どうぞ」といすを勧められてから着席する。手土産がある場合は紙袋から出して渡す。

　面談に入る際は挨拶や自己紹介の後，すぐに用件に入るのが原則である。時間内に面談が終わるよう，用件を簡潔にまとめて話す。予定の時間が来たら「そろそろ失礼いたします」「本日はお忙しいところ，ありがとうございました」などの挨拶をして切り上げる。

④ 面談中は

　お茶を出されたら，「どうぞ」と勧められてから，または相手が口をつけてから「頂戴します」と言って飲む。飲み終わったら湯呑のふたをする。

⑤ 退出

　用件が済んだら面談のお礼を言って退室する。いただいた資料や名刺は忘れないように持ち帰る。コートは玄関を出てから着る。

⑥ 帰社後

　ビジネスの訪問では事後処理が大切である。帰社後はすぐに，口頭で上司に報告し，必要であれば報告書を作成する。

　保留してきた問題はできるだけ早く結論を出して先方へ連絡する。

（2）アポイントメントについて

　アポイントメントとは，事前に面会などの予約や約束を得ることである。事前に約束することで仕事を効率的に進めることができる。アポイントメントを取る方法は手紙，電話，電子メールなどがあるが，相手に直接電話で申し込むのが一般的である。
　会社役員や役員待遇の部長といった役職の人に会う場合，直接電話をするのは失礼にあたるので 必ず秘書かそれにかわる人に電話し，スケジュールを調整してもらう。
　やむを得ずアポイントメントを変更しなければならないときは，相手の予定を狂わせてしまったことに対し，丁重にお詫びを述べた上で，次の候補日を2～3提示する。

① 面談日時の選定

　前の予定が長引いたり，移動の際の交通渋滞などで約束の時間に遅れることも考え，面談日時を設定する際は余裕をもって設定する。
　相手が落ち着いて面談に集中できる時間帯を申し出ることが望ましいので，相手の忙しい時間帯や繁忙期など下記の時間帯は面談を避けさけておいたほうがよい。
- 月曜日の始業時，金曜日の終業時
- 出張・会議・休暇の前後
- お昼休み
- 期末の繁忙期

② アポイントメントの申込み

　アポイントメントを申し込む際は先方に下記の内容を伝え，候補日を2～3用意しておき，できるだけ先方の都合を優先する。
- こちらの所属先と氏名，同行者の人数
- 面談の用件や趣旨を正確に
- 面談の希望日時と所要時間
- 面談場所の確認
- 連絡先（電話番号など）

③ アポイントメントの受け方

　面談予約の申し込みがあったときは，前後の予定を調整し，日時を回答する。その際に

内容を５Ｗ３Ｈに整理し，必ずメモを取りながら受ける。日にち，金額，数量などの数字や名前，場所などの固有名詞は復唱確認し，間違いがないように正確に受ける。

面会を断るときは言葉遣いは丁重に，誠意をもって対応する。相手に納得していただけるよう理由を告げ，代案を示せるときはその旨告げる。

4．名刺交換

ビジネスの場で初対面の際には，名刺交換をしてお互いに自己紹介をする。名刺にはその人の所属先名，所在地，氏名，役職などビジネス上必要な情報が記載されているのでその人の分身と思い，丁寧に扱う。名刺交換の際は，訪問した側や目下から先に出すように心がける。

相手に良い印象を持ってもらうためにも名刺交換のマナーを心得ておくことが大切である。

名刺は必ず名刺入れに入れておき，男性は上着の内ポケットに，女性はバッグの中に入れて携行する。

自分の名刺は多めに携行し，外出先で手持ちがなくなった場合は「本日は名刺を切らしており，申し訳ございません」と謝り，後日，一筆添えて名刺を郵送する配慮も必要である。

（1）名刺の受けとり方

①名刺を出されたら「頂戴いたします」と言って両手で胸の高さでいただく。いただいた名刺は名刺入れの上に載せておく。
②「○○会社の△△様でいらっしゃいますね」と言って会社名と名前を確認する。
③会社名や名前が読めない場合は「失礼ですがお名前はどのようにお読みするのでしょうか」と尋ね，確かめる。
④指で文字が隠れないように注意する。

（2）名刺の出し方

①挨拶をして，名刺を用意する。
②名刺は相手が読める方向に向け，「○○会社の△△と申します。どうぞよろしくお願い

いたします」と会社名，名前を名乗る。
③右手で名刺を持ち左手を添えるようにして両手で渡す。

（3）名刺交換の留意点

①名刺の受け渡しは座っていても原則，立ち上がって行うが，テーブルなどを挟まずテーブルの横に出て，相手の正面で渡す。
②立場が下の人，訪問した人から先に渡す。
③いただいた名刺は座席順に並べてテーブルの上に置く。頃合を見計らって名刺入れにしまう。
④面談後に会った日時，場所，用件，印象などをメモしておき，次回会う時の参考にする。

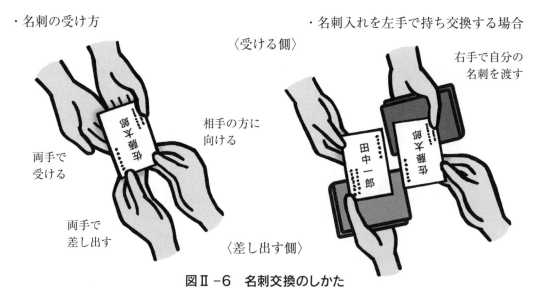

図Ⅱ-6　名刺交換のしかた

表Ⅱ-8　名刺交換のポイント

状況	ポイント
相手から先に出されたとき	自分の名刺をいったん名刺入れの下に控え，両手で相手の名刺をいただく
同時交換	お互いに右手で渡し，同時に左手で受け取る
上司と一緒に名刺交換をするとき	上司が先に行い，そのあとに続く
名刺を持ったまま立ち話をするとき	両手で胸の高さに名刺を持ち，下げない

5．席次（上座・下座）

　席次とは会合や儀式などでの座席の順序，席順のことで，敬意やおもてなしの心が込められている。目上の人やお客様が座る席を上座（上席ともいう），それに対して目下や迎える側が座る席を下座という。応接室や車，列車，飛行機にも席次がある。

（1）上座の条件

① 応接室
a．入口から遠い席
b．長椅子（ソファー）と肘掛け椅子がある場合は長椅子の席

　席次は形ではなく相手を思う心である。絵が掛かっているときは，絵を正面で見ることができる席や景色が見える席など快適に過ごしていただける席が上座となることもある。

② その他
a．上司室では執務机に近いほうが下座になる
b．ロビーでは受付に近い席が下座になる
c．エレベーターでは，奥が上座，操作盤側が下座になる。

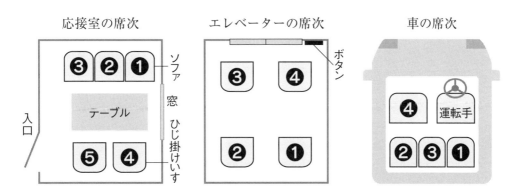

図Ⅱ-7　応接室，エレベーター，車の席次

6．紹介

　ビジネスでは人を紹介したり人を紹介されたりする機会が多いので紹介の順序も心得ておくことが必要である。紹介には口頭による紹介や書状（手紙）による紹介があるが，ここでは口頭による紹介について説明する。
　紹介の順番にはルールがあるので，上下の関係，社会的地位の関係，年齢の違いなどを考慮することが大切であり，立場の低い方や身内にあたるほうを先に紹介するのが原則である。

a．基本的な考え方
　・上位の人に下位の人を先に紹介する
　・年長者に年少者を先に紹介する
　・他社の人に自社の人を先に紹介する

b．お客様に自社の課長を紹介するとき
　・先にお客様へ課長を紹介する
　　「〇〇様，こちらが課長の田中でございます」
　・次に自社の課長へお客様を紹介する
　　「こちらは△△商事の〇〇様でいらっしゃいます」

第5章 ホスピタリティとサービス

近年，ビジネスの世界では，「ホスピタリティ」という言葉をよく耳にする。「ホスピタリティ」は，もともとサービス産業を中心に使われていたが，最近では，医療・福祉・教育をはじめ，さまざまな分野で注目されているものである。この章では，今なぜ，ホスピタリティが求められているのか，またホスピタリティを実践するにはどのようにしたらよいのかを考える。

1．ホスピタリティとサービスの概念

（1）語源からみるホスピタリティとサービス

ホスピタリティは，「客を親切にもてなすこと。また，もてなす気持ち。」（『広辞苑』第6版，2008）と意味づけられている。その語源は，ラテン語の「hospes（ホスペス）」で，客人の保護者を意味する。そこから「歓待する，客を厚遇する」という意味を持つ言葉が派生し，現代のホスピタリティにつながっている（服部勝人『ホスピタリティ・マネジメント入門』第2版，2008）。

一方，サービスは「奉仕」「商売で値引きしたり客の便宜を図ったりすること」「物質的生産過程以外で機能する労働」（『広辞苑』）などさまざまな意味で使われている。語源は，ラテン語の「servus（セルバス）」で，「奴隷の」とか「地役権のある」という意味である（服部）。この語源から，サービスが提供される際には，受ける側が上位で，提供する側が下位にあるという，主従関係のようなものが生じ，対価が伴うという特徴がある。

（2）ホスピタリティとサービスの違い

サービスには，無形性・同時性・変動性・消滅性という特性がある。それぞれの意味は以下のとおりである。

- 無形性……無形であるため，モノと異なり，あらかじめ見たり触れたりすることができない。
- 同時性……生産と消費が同時に行われるため，時間的にも空間的にも切り離せない。
- 変動性……サービスの提供者，提供者や顧客の状況により，サービスの質が一定に保てず，安定しない。
- 消滅性……サービスを貯蔵，在庫することはできない。

　このようにサービスは，提供者や周りの状況によって，提供する質が安定しないという問題点があったため，それを解消するために，マニュアルが作成されるようになった。つまりマニュアル化により，サービスは，いつでもどこでも誰にでも，ある程度の均一性を持って，提供することが可能になったのである。

　これに対して，ホスピタリティは，相手のさまざまなニーズを理解し，場面に応じて柔軟に対応するもので，マニュアル化は難しく，それぞれのパーソナリティが大きく影響するものである。

　また，サービスには対価が伴うのに対して，ホスピタリティは，相手の要望に応えて最善を尽くすことに重きを置いているため，結果として何らかの恩恵を受けることはあるものの，対価を求めるものではないという違いもある。

（3）ホスピタリティの必要性

　ビジネス実務を遂行する上では，相手の立場に立った言動が基本である。まずは，相手が望むサービスを，確実に提供できることが，大切なことである。ただ，現代は，顧客のニーズが高度化，多様化している。そのため，画一化された，誰にでも行うサービスでは，相手の満足を得られない状況にある。相手の気持ちや要望を把握して，それに個々に応えるための言動を心がけること，つまりホスピタリティの精神を発揮することが必要になっているのである。

2．ビジネス実務とホスピタリティ

（1）コミュニケーションとホスピタリティ

　仕事をする際には，社内外の多くの人とコミュニケーションをとりながら人間関係を築

いていく。そのため，挨拶や身だしなみ，言葉遣いなどの基本的なコミュニケーション能力を身につけることが，仕事を円滑に進めるための第一歩である。さらに，多様な価値観を持つ人々との人間関係を良好に保ち，信頼関係に深めていくためには，ホスピタリティの精神を発揮したコミュニケーション能力を身につける必要がある。具体的には，どのような能力が求められているのか，見てみよう。

a．傾聴力

相手を理解しようとして，積極的・肯定的に聴く力である。相手への敬意や共感を表しながら，話をよく聴くことで，相手も安心して話ができるため，情報交換が円滑に進み，お互いの理解を深めることができるのである。

傾聴のためには，まず，話を聴く態度が大切である。顔や体を相手の方へ向け，適度に視線を合わせながら，聴いていることを態度で示す。また「うなずき」や「相づち」で，話を理解していることを表すことも，必要である。さらに，話の内容について質問をすることで，より多くの情報を得ることができる。

b．理解力

相手の表情・言葉・態度から，相手の考えや要望を読み取る能力である。場合によっては，正直な心情が表現されないこともあるので，相手が置かれている状況を想像し，どのような対応を望んでいるのかを察知することも必要である。理解力を向上させるには，常に相手への気配りを欠かさないこと，また，多くの人とのコミュニケーションを通じて経験を積むことが，大切である。

c．表現力

ビジネスの場では，年齢・性別・考え方などが異なる多くの人と接することになる。伝えたいことをしっかりと理解してもらうためには，相手の立場に立った，わかりやすい表現方法を工夫する必要がある。また，相手が理解しているかどうかを，確認しながら話すことも必要である。

さらに，言葉遣いや話題も，相手に合わせて柔軟に変えていくことも大切である。新聞や本などから多くの情報を入手したり，感性を磨いたりなど，自己啓発に努めることが，コミュニケーションの活性化につながるのである。

（2）顧客満足（CS）とホスピタリティ

顧客は，商品やサービスに，あらかじめ何らかの期待を持っている。その期待以上のも

のを提供することで，顧客満足（ＣＳ = Customer Satisfaction）を得ることができるのである。顧客満足を高めるためには，マニュアル通りに，皆に同じような対応をするのではなく，一人ひとりのニーズに応じて，また時と場合に応じて柔軟に対応することが必要である。顧客満足につながるホスピタリティを実践するための流れを見てみよう。

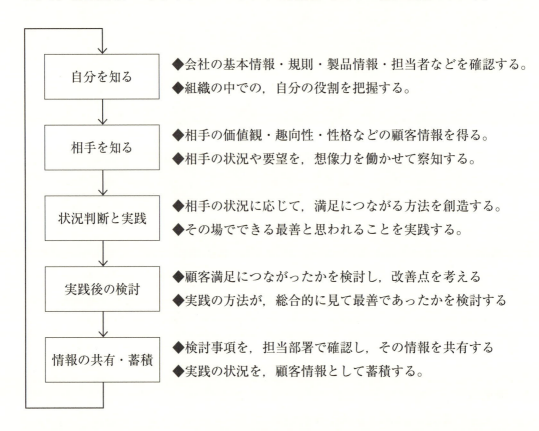

このようにしていくと，一人ひとりに応じた対応を，一人ひとりが実践できるようになり，顧客満足につながっていく。ただ，一度満足していただいたとしても，次の機会にはそのことは，期待の範囲内になっているため，より以上のホスピタリティが必要になってくることは，考えておかなければならない。つまり，ホスピタリティの精神を発揮するには，「その瞬間」が大切だということである。

（3）豊かな関係づくりのために

今まで，主に社外の人に対することを述べてきたが，社内の上司・先輩・同僚にも，同じようにホスピタリティを発揮し，職場の人間関係を良好にすることも，大切なことであ

る。職場で，お互いのコミュニケーションがうまくとれるようになると，顧客情報や仕事の進捗状況など，さまざまな情報を共有できるようになり，仕事を円滑に進めることができる。そのことは，職場に対する従業員の満足度（Ｅ Ｓ ＝ Employee Satisfaction）を上げ，やる気や士気を高めることになる。

　従業員が，仕事にやりがいを持ち，顧客一人ひとりのニーズに応える対応をすることで，質の高いサービスを提供することができるようになると，それが，結果として売り上げや顧客満足につながるのである。つまり従業員満足と顧客満足は，密接な関係にあるといえる。

　相手も自分もお互いに満足できること，それがホスピタリティの基本である。

3．クレーム対応

（1）クレーム発生の要因

　物の見方や考え方は人それぞれである。こちらが相手のニーズに応えようと，十分に配慮したつもりでも，それがうまく伝わらない場合もある。また，相手の期待が，こちらが考えていた以上に大きく，その期待に沿えないということもある。そのようなときに，クレームが発生してしまうのである。クレームとは，苦情とか注文・異議などの意味があり，顧客のニーズが多様化している現代では，次第に多くなってきている。

　では，どのようなことが，クレームの原因となるのか，見てみよう。

- 商品に対する不満………商品の欠陥や不良，配送の遅れ，突然の値上げなど，結果的に商品が相手の期待に沿えなかったことに対するもの。
- 従業員に対する不満……商品についての知識不足，接客態度がよくない，対応をたらい回しにされたなど。また苦情への対応が悪かったという不満もある。
- お客様の勘違い…………従業員の説明不足などのために，お客様が勘違いや誤解をしたことによるもの。
- 売り手側の変化…………営業方針，販売員の変更など。

　このように，クレームが起こる原因はさまざまだが，不満を感じた人が，すべてクレー

ムを伝えるわけではない。不満について理解してもらいたい，何とか解決してほしいという強い気持ちが，クレームという形で現れていると考えることが大切である。

（2）クレーム対応の心構えと流れ

　クレームが発生してしまったら，迅速に的確に対応することが大切である。どのような原因で発生したのか，お客様はどのような対応を望んでいるのかを把握して，少しでも早く問題を解決するよう努めることである。

　もし対応が遅れると，ますます不満が大きくなって，二次クレームに発展してしまうことも考えられる。逆に対応がスムーズに進むと，かえってお客様との信頼関係を築く良い機会にもなりうるのである。

　クレームというと，否定的に考えがちだが，お客様からの情報提供であると前向きに考えて，誠意と責任を持って対応することが大切である。

　では，クレームへの対応は，どのようにしたらよいのだろうか。対応の方法について考えてみよう。

① 話を聴くことで，相手との良好な関係を築く

　クレームは，対面や電話，文書などにより伝えられる。対面や電話での対応の場合は，言葉遣いや態度に注意を払いながら，十分に相手の話を聴くことが必要である。クレームであることに気づいたら，すぐに，「ご心配をおかけして申し訳ありません」「ご連絡いただき，ありがとうございます」など，迷惑や心配をかけたことについての謝罪と情報提供への感謝を述べる。そうすることで，まずは相手との良好な関係を築き，冷静に話し合う環境を作ることができるのである。

② クレームの内容を把握する

　相手が何を求めているのか，例えば謝罪してほしいのか，または解決策を提示してほしいのかなど，またクレームが起こった原因は何なのかを確実に把握することが大切である。「配達日時が間違っていたということですね」などと，相手の言葉を繰り返したりして質問を重ね，状況を確実に理解するよう努めることである。

　また多種多様なクレームに対応できるように，日頃から，自社の仕事内容や担当者および責任者，また連絡体制などについて確認しておくことが望まれる。

③ 解決策を提示する

　相手がどのようにしたいのかを把握したら，すぐに解決策を考え，その場でできるものは，すぐに実行に移す。すぐに解決できないときは，期限を設けて，後日改めて連絡するように手配する。その場合は，すぐにできない理由や担当者をはっきりさせておき，期限までに確実に対応することが大切である。

　解決することができたら，最後に再び，迷惑をかけたことに対するお詫びと，情報提供に対するお礼の気持ちを伝える。

（3）クレームをチャンスに変える

　クレームは，顧客視点からの貴重な情報である。クレームを受けたことを機会に，新たなサービスや商品の可能性が広がったり，業務改善につながったりする場合もある。クレームをチャンスに変えるために，まずは，どのようなクレームがあったのかについて，従業員間で情報を共有することが大切である。それから対応策を検討し，同じミスを繰り返さないようにすることである。担当部署にとどまらず，会社全体でクレーム情報を共有し，クレーム対応の規定を作るなど，再発防止に努めることも大切である。

　また，クレームを伝えてくれた相手に対しては，貴重情報を提供していただいたことに，感謝する気持ちを持つことが大切である。場合によっては，担当者や会社から，その後の状況の確認や，追跡調査を行うなどの対応が必要になってくる。その場だけの解決に終わらず，一人ひとりに応じた丁寧な対応をすること，つまりホスピタリティの精神を発揮することが，クレーム解決にも必要なのである。

第Ⅲ部

実務の遂行

　毎日の業務を円滑に遂行するためには，第Ⅰ部で述べたようにまず正確な仕事をより迅速に行う。どんなに早くてもミスばかりでは信頼は得られない。業務を遂行するためには，どの位の時間がかかるかという所要時間を見積もり，仕事に対する段取りをし，効率的に業務を遂行する。

　情報収集の際には正確な情報を入手する。正確な情報収集をするためには，どこが情報を提供したかという情報元，つまり情報の発信源が重要となる。また，文書一つにしても好感の持てるビジネス文書を作成できるか否かである。社外文書作成に関していえば，会社を代表して書くという自覚のもと，基本形式にそって誤字脱字がない文書で，好感を持ち品格のある文書を作成できるかどうかである。また，仕事には単独で行う仕事と誰かと一緒にする仕事がある。そうした時に，時間厳守でお互いに貴重な時間を有効活用する必要がある。

　第Ⅲ部では，仕事の能率を上げるためにも快適な職場環境をきちんと整えるオフィス管理，約束を守り効率的な仕事をするための時間管理，情報を共有し意思を統一するための会議，社内外に向けて発信するビジネス文書作成のしかた，情報の収集・整理・活用，さらには業務だけでなく，日常生活でも役にたつ慶弔や贈答の知識，企業環境の変化に伴う自己啓発の大切さなど，実際に業務を遂行するうえでの知識や技能を学ぶ。

第1章 オフィス管理

　オフィスは，組織の活動拠点である。そこで働くビジネスパーソンにとって，仕事を効率的に進め，生産性を上げるためには，オフィス環境の整備が，大切な仕事の一つといえる。近年は，高度情報化や働き方の変化により，オフィスに求められる機能が大きく変化している。そのような中で，ビジネスパーソンが能力を十分に発揮できる快適な環境づくりや，組織のイメージアップにつながる空間づくりを，どのようにすればよいかを考える。

1．オフィスの役割

（1）働き方とオフィスの変化

　オフィスの原型は，18世紀後半の産業革命時に誕生したと考えられている。技術革新により，大量生産が可能になったため，生産管理，生産調整のための事務を専門的に行う場所が必要となったためである。その後，オフィスは主に事務仕事をする場としての機能を果たしてきたが，1980年代からの急速なＯＡ化と現代の情報通信技術の進展が，オフィスとそこで働くビジネスパーソンの働き方に大きな変化をもたらしたのである。
　従来は，ビジネスパーソン一人ひとりが，自分のデスクで，書類に記された情報を手作業で処理することが，オフィスワークの中心であった。ＯＡ化により，ＰＣが導入されると，情報処理能力が格段に向上し，さらに現代では，情報通信技術の進展により，時間と場所の制約なく仕事をすることが可能になっている。
　また，働き方の変化もオフィスに影響を与えている。終身雇用制や年功序列制といった固定的な働き方が，従来は主であったが，現在では，契約社員や転職などの流動的な働き方も多くなっている。さらにワークライフバランスの意識が高まるなど，ビジネスパーソンの働く意識も変化している。
　このようなことを背景に，オフィスに求められる機能やオフィスでの仕事内容は変遷し，現代では，業種職種に応じた，柔軟な活動ができる空間としての役割が求められている。

また，仕事を効率的に進めるためのオフィス改革や，ＳＯＨＯやサテライトオフィスといった，職住隣接の働き方を可能にする新しい形態のオフィスなども多くなっている。

（2）これからのオフィス

大量生産大量消費の時代が終わり，ビジネスの中心は，製品にいかに付加価値を創造するかに移っている。オフィスに関しても，これまでの製造販売をサポートする場という考え方から，オフィスそのものが知識創造行動の場であるという「クリエイティブ・オフィス」という概念のもと，オフィス改革が進められている。

クリエイティブ・オフィスとは「価値・対話・意欲・加速」をキーワードとして，組織の力を高めようとするものである。つまりコミュニケーションを活性化することで新たな知識の創造を促すこと，個人の仕事への意欲を高めることで，組織力を向上させることを目的としているのである。

これからのオフィスは，単にデスクワークをする場ということだけではなく，新たな価値を生み出す空間として捉えていく必要があるといえる。

2．オフィスの環境整備

仕事を効率的に進め，ビジネスパーソンの創造性を高めるためには，室内環境を快適に保つことが欠かせない。快適性を維持するための，特に重要な要素は，照明・防音対策・色彩・空気調整である。

① 照明

JIS 照明基準総則によると，オフィス内の仕事には，それぞれ推奨照度があり，例えば，事務室は 750 ルクス，受付は 300 ルクス，会議室は 500 ルクスとなっている。いずれも明暗のむら，ちらつき，まぶしさがないことが基本条件である。オフィスワークはＶＤＴ作業が多く，照明の影響を大きく受けるため，細心の注意を払う必要がある。

② 防音対策

室内騒音の原因はＯＡ機器（サーバーなど）や事務機器によるもの，人的なもの（足音，会話，機器操作時の音など）がある。対策としては，遮音・吸音効果のある壁面材やカー

ペット，また防音カバーやパネルを使用すると効果的である。機器によるものについては，可能であれば，執務スペースから隔絶し，集中管理することが望ましい。

③ 色彩

オフィスの色彩は，オフィスを演出するとともに，仕事への集中や能率に影響するものである。色にはそれぞれ特性やメージがあり，心理的効果も大きいため，オフィスの機能に合わせた色の選択も大切になってくる。例えば，集中力を高めたい場合は青などの寒色系，リラックスしたい場合は暖色系など，色の三属性（色相，彩度，明度）を組み合わせて調整することが必要である。

④ 空気調整

室内の温度・湿度・気流・空気清浄度などを調整し，快適性を保つことである。労働安全衛生法に基づく事務所衛生基準規則には，「事業者は空気調和設備を設けている場合は温度17度以上28度以下，湿度40％以上70％以下になるように努めなければならない」と定められている。

温度や湿度は人によって感覚が違うため，全体を快適にすることは難しい。また環境問題への配慮から，目標温度・湿度が定められている場合もある。全体のバランスを見ながら調整していくことと併せて，クールビズやウォームビズなどの個人的な対応も必要となっている。

3．オフィス管理

（1）組織のイメージアップのために

オフィスは組織の活動拠点であると同時に，組織の「顔」でもある。来訪者はオフィスに対する第一印象で，組織全体を判断することになる。ビジネスパーソンの場合と同じで，オフィスの第一印象には，「見た目」が大きく影響する。来訪者に好感を持ってもらうためには，オフィスを清潔に保つよう，意識することが必要である。その意味で，オフィスやデスク周りの整理・整頓・清掃は，とても大切な仕事である。

「整理」とは，不要なものを処分し，必要なもの以外はオフィスに置かないこと，「整頓」とは，必要なものが誰にでも，すぐに取り出せる状態にしておくことを意味する。「清掃」

は，ごみや汚れがない状態にすることである。これらを実践することで，オフィスの清潔さを保つことができる。

　また，整理・整頓・清掃を実践することは，オフィスの第一印象を良くするだけでなく，仕事を円滑に効率的に進めることを可能にするため，結果的には組織のサービスが向上する。

　オフィスを清潔に保つことが，この好循環を生み，組織のイメージアップにつながるといえる。

① デスク周りの整理整頓

　デスク上には必要なもの以外は置かず，常に整理しておく。ＰＣ，書類，電話などを使いやすいように配置し，どこに何があるかをすぐに確認できるようにしておくことが必要である。そうすると，探し物などの無駄な時間を省くことができ，仕事の効率化につながる。

　引き出しの中は，小分けして，事務用品等を整理し，いつでも必要なものが取り出せるようにしておく。また，使ったものは必ず元に戻す習慣をつけておくと，整理された状態を維持することができる。

② 清掃

　応接室や役員室などの清掃は慎重に行う。家具類は乾拭きにし，汚れは固く絞った雑巾等を使用して取り去る。置物は羽ばたきではたかく，柔らかい布で拭く。絵画は，柔らかい筆などで，軽くほこりを払う程度にする。

　デスク上のほこりやごみは，こまめに取り除くよう気を付ける。ＰＣや電話機は，使用頻度が高く，使用時間も長くなることが多いため，細かい部分まで清潔さを保つようにする。常に使用する机や椅子，事務機器などは，清掃する際に，不具合がないかを確認することも大切である。

　清掃を行うことは，清潔で快適な職場環境を作るだけではなく，機器の異常や故障を未然に防ぐことにもつながる。

（２）安心で快適な環境づくりのために

　ビジネスパーソンが，１日の多くの時間を過ごすのがオフィスである。また，オフィスは先にも述べた通り，新たな「価値の創造」が期待されている場でもある。一人ひとりが十分に能力を発揮できるようにするために，オフィスの快適性と併せて安全性を維持する

よう努めることが大切である。

① 動線の確保
　レイアウトの際に，スムーズに通れる十分な幅の通路を確保しておくことが必要である。通路や階段などの歩行エリアに，不要に物を置かないようにすることで，転倒などの事故を防ぐとともに，仕事の効率性を高めることもできる。また災害時など，緊急事態の際の避難経路を確保することにつながる。

② オフィスの備品管理
　机や椅子など，日常的に使用するものは，定期的に点検し，耐用年数等を考慮して必要があれば入れ替えを行う。机と椅子の高さは，仕事の効率や健康にも影響を与えるため，自分に合うように調整することが必要である。
　また，大型のオフィス家具やガラスのパーテションなどは，壁や床，天井などに固定して，地震の際などに倒れるのを防ぐように対策する。
　万一の災害等に備えて，消火器，懐中電灯などの防災用品を，わかりやすい場所に常備しておくことも必要である。

③ オフィス機器のメンテナンス
　事務機器等は定期的に保守・点検を行い，常に快適に使用できる環境を整える。機器の使用時の事故や，配線コードなどでの転倒事故などが起きないように配慮すること，また，機器の落下防止などの対策を行うことも必要である。

第2章 時間管理と出張

1．時間管理

　仕事を効率的に行うためには計画を立て，その計画に沿って業務を円滑に遂行していくことが必要である。計画を立てずに仕事をすると，仕事の進捗状況が分からなくなり，決められた時間内での利益や成果を上げることができなくなる。
　効率的に時間を活用するためには予定表を使って，スケジュール管理をするとよい。

（1）予定表の活用

①出社時・退社時は予定表を見て必ず確認する。
②会議や外出時には必ず予定表を携帯する。
③書き方は記号化したり色分けしたりして自分なりに工夫する。

（2）予定表の種類

　予定表には，①年間予定表，②月間予定表，③週間予定表，④日々予定表（日程表）の4種類がある。これらの予定表は業務内容などを考慮し，必要に応じ使い分けるとよい。どの予定表も全体が一覧できるようにまとめると使いやすい。

① 年間予定表
　社内外の主要行事（新年会，入社式，株主総会，定例取締役会，創立記念式典，など）を記入する。これらの行事は，ほぼ同じ時期に行われるので前年度の予定表を参考にするとよい。年間の予定表をもとに月間→週間→日々の順に予定を立てていく（図Ⅲ-1）。

表Ⅲ-1　年間予定表

日	曜日	予定	曜日	予定	曜日	予定	曜日	予定
		4月		5月		6月		7月
1	火	入社式	木	定例会議	日		火	
2	水		金		月	創立記念日	水	
3	木	定例会議	土		火		木	定例会議
4	金		日		水		金	
5	土		月		木	定例会議	土	
〜	〜	〜	〜	〜	〜	〜	〜	〜
29	火		木		日		火	
30	水		金		月		水	
31			土				木	
備考		歓迎会						

表Ⅲ-2　月間予定表

4月

日	曜日	予定	日	曜日	予定
1	火	10：00 入社式	16	木	18：00 歓迎会
2	水		17	金	
3	木	13：00〜14：00 販売会議	18	土	
4	金		19	日	
〜	〜	〜	〜	〜	〜
13	土		28	月	｝福岡出張（国際見本市）
14	火	10：00 H会社田中課長来社	29	火	
15	水		30	水	
備考		歓迎会	備考　28日 国際見本市（福岡○○センタービル）		

表Ⅲ-3　週間予定表

6月		予　　　　定	備　　考
日	曜日	8　9　10　11　12　13　14　15　16　17　18　19　20　21　22	
1	月	←→ 会議 　　10：00〜11：00	○○資料20部　準備
2	火	←→ N社田中部長来社 　　10：00	第3会議室
3	水	福岡出張　　　　12：30 福岡支店 ↓	ANN123 東京8：00発 福岡9：00着 ○○ホテル Tel 福岡市中央区○○○
4	木	10：00 ○○会社訪問 ↓	JAA234 福岡18：00発 東京19：30着
5	金	←→ 営業会議 　　9：00〜10：00	第1会議室
6	土		
7	日	○○会社ゴルフコンペ	△ゴルフ場 Tel

表Ⅲ-4　日々予定表

9日	日々予定表	備　　考
8：00	出勤	
9：00	↑H社訪問　（石川営業部長に同行）	○○資料準備
10：00	↓	
11：00	↑A社　山田部長来社	
12：00	↓	
13：00		○○資料準備
14：00		
15：00	↑K社訪問　（石川営業部長に同行）	第一会議室
16：00	↓	
17：00	↑Y社　佐藤部長来社	
18：00	↓	
19：00		
20：00		
21：00		

② 月間予定表

年間予定表をもとに1か月の行動予定を記入する。年間行事のほかに定例会議，出張，面会予定などを記入する（図Ⅲ-2）。

③ 週間予定表

1週間の確定した行動予定を時間単位で記入する。備考欄に場所などを記入する（図Ⅲ-3）。

④ 日々予定表（日程表）

その日ごとの予定を週間予定表よりも詳細に記す。備考欄に相手先の電話番号など必要な情報などを書き込む（図Ⅲ-4）。

（3）予定表作成のポイント

①予定表には会議，面談，訪問，会合，出張，日時の決まった仕事などを記入することで時間を可視化する。
②予定が決まったらすぐに記入する。
③表示方法は「正確・簡潔・見やすい」を基本とし，よく使う言葉は，記号化するか色分けすると見やすく便利である。
④予定が変更されたときは，修正液などで消さず二本線で消し，変更前の予定もわかるようにしておく。
⑤予定表には備考欄を設け，場所，電話番号，担当者名，必要な資料などの補足内容を書き込んでおくと便利である。
⑥正式に決まっていない予定を記入する場合は「(仮)」と書いておくとよい。

（4）予定表の作成上の注意点

①業務の重要度，優先順位を考慮し，社内会議や社内行事を優先する。
②出張や会議の前後の予定は過密スケジュールにならないよう注意する。
③記入漏れや書き忘れなどでスケジュールが重ならないように注意する。
④予定は確定したものは必要に応じ，関係部署に連絡する。変更が生じたときは関係者に

もれなく連絡する。

(5) パソコンによる予定表作成

最近ではパソコンによるスケジュール管理が一般的になってきた。パソコンや携帯電話，スマートフォンの画面で他の社員のスケジュールの確認ができ，効果的に活用されている。パソコンで予定表を作成するときは，数字の入力ミスや漢字変換の誤りなどに注意する。

2．出張

出張が決まったら，社内規定に従い，所定の手続きをし，上司の許可をもらい，出張手続きを行う。出張後は旅費などの精算をし，出張報告書を提出する。

(1) 出張準備

a．計画を立てる
- 出張の目的に合わせ，日数，訪問先，宿泊先，交通手段などを決め効率的な出張計画を立てる。

b．出張手続き
- 必要な経費を経理課や会計課に仮払い申請を行う。旅程表や出張届を提出することもある。

c．乗り物の手配
- 航空券や列車の手配をする。

d．宿泊先の手配
- 宿泊先は目的地までの距離や交通の利便性を考えたうえで，出張旅費規程に合わせて選ぶ。電話で予約するときは宿泊日・日数・人数・部屋のタイプ・宿泊者名・連絡先を伝える。この時に予約した日にちと受付担当者の名前を控えておく。

e．旅程表の作成
- 旅程表には出張先での予定や交通機関の便名，宿泊先などを記入する。初めて利用する宿泊先は地図を用意しておくとよい。

f．その他

- 必要な書類や資料の準備をする。
- 名刺は普段より多めに用意する。
- 必要に応じてお土産を用意する。

（2）出張後

①出張後は旅費や諸経費の精算を行う。
②出張の成果などを記した出張報告書を作成し，上司や関係部署に提出する。
③出張先でお世話になった方への礼状は，できる限り早く送ることが望ましい。

（3）海外出張

海外出張の場合は国内の出張手続きに加え，渡航手続きに際し，パスポートやビザなどが必要となる。

① パスポート（旅券）について

パスポートとは世界で共通する「身分証明書」で国外に渡航するときにはパスポートの携帯・呈示が求められる。日本国のパスポートは5年間有効のものと10年間有効のものの2種類がある。パスポートがなければ世界のどの国にも入国できない。渡航先によりパスポートの残存有効期間が異なるので注意が必要である。

② ビザ（査証）について

入国・滞在を認める渡航先の国によっては，滞在期間や旅行目的などを示すビザが必要である。

ビザは入国しようとする国でその人物の所持する旅券が有効であり，かつその人物が入国しても差し支えないと示す証書である。ビザの発給手続きは1週間以上かかることがあるため，申請は余裕をもって行うようにする。

③ イエローカード（予防接種証明書）

目的国によっては入国時にイエローカード（予防接種証明書）が必要な国もあるので事前に確認し，必要なら予防接種を行い，証明書を取得しなければならない。

第3章　会議・会合

　ビジネス現場では，毎日多くの会議や会合が開かれている。ビジネスには，多くの人々が携わっているため，お互いのコミュニケーションを図りながら，仕事を進めていくことが必要だからである。その目的は，意思決定や情報の伝達などさまざまだが，仕事の効率性を高めるために，会議は重要な役割を果たしている。
　この章では，会議の円滑な運営や会議に参加する際の心構えなど，ビジネスパーソンにとって必要な会議の基本を学ぶ。

1．会議の基礎知識

（1）会議の目的と種類

　会議にはさまざまな目的がある。会議の開催者，参加者ともに目的を把握して，効率的な進行に努め，成果を有効に活用することが大切である。

表Ⅲ-5　会議の目的と種類

目　的	内　容	例
意思決定	会社の方向性などを決定する	経営会議・役員会議など
情報の伝達・共有化	仕事上の連絡や調整を行う	部署別会議など
問題解決	問題事項の対策を講じ解決を図る	クレーム対応会議など
意見アイデアの収集	多様なアイデアの開発を促進する	企画・開発会議など
事業推進	事業目的を達成させるための計画・進捗確認・リスク管理等を行う	プロジェクト会議など

（2）会議の形式

会議は，目的や参加者数などに合わせた形式で行われる。代表的な形式には次のようなものがある。

① パネルディスカッション
テーマに関する知識や代表的な意見を持つパネリスト4～6名が，聴衆の前で座談会または討論を行うもの。その後，聴衆とパネリストが質疑応答を行う。

② シンポジウム
テーマについて，複数の専門家が講演を行い，それについて聴衆との質疑応答を行うもの。専門家同士の討論は行わない。

③ フォーラム
公開討論会のこと。テーマについて，専門家による討議を行った後，参加者全員で意見交換等を行う。

④ バズセッション
グループ討議のこと。バズとは蜂などがブンブンいう音のことで，グループでの話し合いの声が，その音を連想させることから，バズセッションという。参加者が5～6名のグループに分かれて討議をし，代表者が話し合った内容や意見を全員に報告する。

⑤ ブレーンストーミング
問題やテーマに対し，参加者が自由に意見を述べることで，多彩なアイデアを得るための形式。新商品の開発や商品のネーミングなどのように，数多くのアイデアを出すことが求められる場合に適している。互いに人の意見を批判しないことが原則。

近年ではICTを活用したテレビ会議など，時間や場所，距離に拘束されない形式の会議も多く行われている。ビジネスパーソンにとって，これまで以上に，仕事の効率化や意思決定の迅速性が必要になっている。

（3）株式会社における会議

① 株主総会
　株主で構成される会議。株式会社の最高意思決定機関である。取締役や監査役の選任，定款の変更，予算・決算の承認などの決議を行う。年1回以上の開催が会社法で義務付けられている。

② 取締役会
　株主総会で選任された取締役により構成されている。株式会社の業務執行に関する基本方針を決定する。近年では，直接利害関係のない有識者や経営者などから選任する社外取締役を導入する企業が増えている。新たな発想・理念を取り入れることや監督機能強化を目的としたものである。

③ 常務会
　社長の補佐機関として設置されており，常務取締役（社長，副社長，専務取締役，常務取締役など）で構成される。会社によっては重役会，役員会とも呼ばれており，会社の方針を決める重要な会議である。

（4）会議用語

　会議に関する基礎的な用語は以下のとおりである。
- 招　集……会議のために関係者を集めること
- 議　案……会議で討論・議決するために提出する原案
- 定足数……議事を進め議決をするのに必要な最小限度の構成員出席数
- 発　議……一定の事項について議事の開始を求めること。議論・意見を言い出すこと
- 採　択……議案・意見などを選んで採用すること
- 動　議……会議中に予定議案以外の議案を出すこと
- 諮　問……上位者が下位者や識者に意見を尋ね求めること
- 答　申……上位者の問い（諮問）に答えて意見を申し述べること

2．会議の運営

（1）会議の事前準備

会議を効率的に進め，成果を上げるためには，事前の準備を確実に行っておくことが大切である。

① 会議開催の決定
- 目　　的……参加者に理解してもらえるよう，会議の目的を明確にする。
- 参加者……目的に応じた参加者を決定する。
- 日　　時……開催日，開始時刻，終了時刻などを決定する。主要な参加者には，あらかじめスケジュールを確認する場合がある。
- 会　　場……参加人数や使用機器を考慮して，適切な会場を手配する。会議開催前には下見して，目的に合った会場かどうかを確認しておく。
- 議　　事……円滑な進行ができるように議事・次第を考える。

② 参加者への案内
会議開催が決定したら，参加者へ連絡する。社内会議の時は，簡単な文書やメールで通知する場合が多いが，社外の人が参加する場合は，案内状を発送する。

〈案内状に記載する事項〉
- ・会議の名称　・議題　・開催日時
- ・開催場所（住所，電話番号，地図，駐車場の有無など）
- ・出欠の連絡方法と期限　・担当者名（連絡先）

また，総会などのように議決を行う会議では，定足数を満たすために，欠席者に委任状の提出を求める場合が多い。委任状とは議決に関する権限を，特定の人または議長に委任するための文書である。出席者数と委任状の数を合計し，定足数に達したかを確認する。

出欠の返事が届いたら，出席者名簿を作成しておく。

図Ⅲ-1　委任状の例

③ 会場設営

会場のレイアウトは，会議の目的や参加者数，使用機器等に適したものにする。

- 円　卓　型……円形または角形のテーブルを囲むレイアウト。互いに向き合って顔を見ながら話し合えるので，自由な雰囲気になる。アイデア会議などに向いている。
- ロの字型……人数が多くなったら，円卓型の中央に空きを作りロの字型にする。
- コの字型……参加者から講師がよく見える形。板書なども見やすいため，研修会などでよく使われる。
- 教　室　型……大人数で行われる会議や情報伝達を目的とする会議の際に使う。

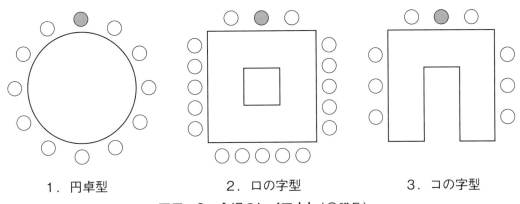

1．円卓型　　2．ロの字型　　3．コの字型

図Ⅲ-2　会場のレイアウト（●議長）

④ 席順

会議での席順を決めなければならない場合は，次のことに留意する。

- 議長は，全体が見える席にする。テーブルの中央か奥にするのが一般的である。
- 参加者の席順は，一般的な席順と同じで，入り口から遠い方が上座，近い方が下座である。
- 基本を参考に，会議が進行できるような配置を考える。

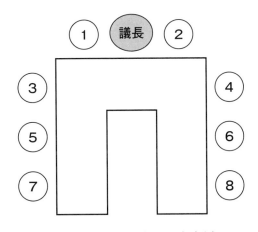

図Ⅲ-3　コの字型の座席例

⑤ **必要な機器，備品，資料等の確認**
- 会場案内用……横断幕，吊看板，立て看板，電光掲示板，会場案内図など
- 機　　材……PC, プロジェクタ，スクリーン，延長コード，マイクなど
- 文　　具……筆記用具，メモ用紙，マグネット，テープ，ステープラなど
- 記　録　用……カメラ，動画撮影機器，ボイスレコーダー，乾電池など
- 講　師　用……ホワイトボード，マーカー，ポインター，飲物，おしぼりなど
- 参 加 者 用……名札，机上用名札，資料など
　配布資料は必要な部数を事前に準備する。その際には，見やすく，かつ取扱いやすいように，レイアウトや丁合製本に気を配ることが大切である。受付で配布するのか，机上に置いておくのかなど配布の手順を確認しておく。機密事項が含まれている資料は，会議後回収することが多いので，留意する。
- その他
　受付や接待などの担当者，議事録作成者などの役割分担を決める。飲み物や茶菓子，時間帯によっては昼食の準備をする場合もある。昼食などの予約を早めに入れた場合は，前日に改めて確認の電話を入れ，確実に届くように手配する。

（2）会議当日の仕事

① 受付・案内

出席者名簿をもとに，出欠確認を行う。議決を伴う会議の場合は，委任状も確認し，定足数を満たしているかどうかを主催者に報告する。社外の参加者の場合は，荷物を預かったり，会場まで案内したりする。

② 会場の管理

事前に資料の配布や機器のテストを行う。会議中は空調や換気など会議に適切な環境整備に気を配る。機器の突発的な不具合にも対応できるよう，代替機を準備しておくなど，次善の策を考えておく。

③ 会議中の対応

突発的な事項にも対応できるよう，体制を整えておく。緊急度・重要度を考慮して対応する。飲み物などを提供する場合は，会議の進行を妨げないような方法を考える。

④ 会議終了後

社外の参加者には，預かった荷物を返却する，車の手配をするなどの対応を行う。会議中の伝言などは，会議終了後速やかに伝える。忘れ物等を確認し，後片付けを行う。会場は元の状態に戻す。機密事項等が記載されていて回収した資料などは，必要があればシュレッダーにかけるなど適切な方法で処理するとともに，その他の資料は保管しておく。

3．議事録

議事録とは，会議の経過や協議内容，結論などを記録したものである。会議の客観的な記録として保管しておくのが通常である。株式会社の株主総会や取締役会については，議事録作成が会社法で義務付けられている。

(1) 議事録の役割

- 結論の明確化……参加者が協議内容や結論を明確に理解できるようにする。
- 会議内容や結論の共有……会議の経過や結論は，その後の仕事の進め方に大きく影響するため，参加者全員が決定事項についての共通認識を持てるようにする。
- 会議記録の保存……結論の再確認など，会議の証拠として活用されることが多い。

(2) 議事録の書き方

① 記載する事項

- 会議の名称
- 開催日時
- 場所
- 出席者(委任状提出者)
- 議題
- 協議内容
- 結論
- 議事録作成者
- 議事録承認者(押印)

② 議事録の様式

株主総会の議事録などのように公式なものでは，様式がほぼ定まっているが，一般的な会議では，標準書式を作成して記録しておく。

③ 取り扱い

議事録を作成したら，議事録承認者・議長に確認してもらい，承認を得る。承認者の捺印後，参加者全員に配布するとともに，原本を保管する。会議欠席者には，当日の資料を添えて配布する。

○○会議議事録	記載日	○月□日（○）			
	記載者	○○○○	承認者	○○○○	印
日　　　時	○月□日（○）　午前○時○分〜○時○分				
場　　　所	本社　第○会議室				
議　　　題					
出　席　者					
議　　　事	1. 2. 3.				
決　定　事　項	1. 2. 3.				

図Ⅲ-4　議事録の例

4．会議に参加する際の心構え

会議には，時間とコストがかかっていることを意識して，円滑な進行に協力することが大切である。会議に参加する際に注意することを確認しよう。

・出欠の返事は速やかに出す。
・時間厳守。定刻開始，定刻終了を心がける。
・会議の目的を把握し事前準備をする。事前に配布された資料には目を通し理解してお

く。
- 会議中は会議に集中する。人の意見をよく聴き，メモをとりながら理解するよう努める。また携帯電話は使用しないようにする。
- 発言内容がわからなかった場合は，確認や質問をするなりして，正確に理解する。
- 議論の内容を正確に理解し，場にふさわしい発言を心がける。
- 発言する場合は，根拠や理由を示しながら，わかりやすく簡潔に説明する。
- 会議終了後は会議での結論を確認し，目的に応じた行動をする。
- 自身が参加した会議の結論に対して，会議後に否定的な意見を述べない。

5．会合

会合には，「あらかじめ時間を決めて集まって話し合うこと」という意味がある。会議が意思決定や情報共有などの目的があるのに対して，会合は社交的な集まりを示すことが多い。

（1）会合の種類

- 経済団体の活動……………日本経済団体連合会，経済同友会，日本商工会議所，その他各地方の経済団体など
- 文化活動……………………企業が資金を提供する文化・芸術支援活動（メセナ活動）など
- 社会貢献活動………………各種後援会，社会奉仕団体（ロータリークラブ・ライオンズクラブ・その他）の活動，企業が企画する独自の社会貢献活動など
- 業務的な活動………………新製品発表会，得意先優待会，創立記念式典，就任披露，調印式など
- 親睦を目的としたもの……ゴルフなどのスポーツ大会，レクリエーション大会など

（2）会合の運営・会合への参加

基本的には，会議の場合と同じであるが，特に留意すべき点は以下のとおりである。

- 大人数の会合を運営する場合は，出席者への案内状を通常より早めに送る。参加者数が確定したら，必要であれば席順表（席次表）を作成する。
- ドレスコードがある場合は，案内状に明記する。
- 記念品等を配る際は，会合の趣旨や参加者に合った品を選び，開催日までに余裕を持って準備する。記念品に文字などを入れる場合は，さらに準備期間を要するので留意する。
- 会合に出席するときは，事前に会合の目的や進行を把握し，自分の役割を認識しておく。
- 会合では，参加者と積極的にコミュニケーションをとるよう努める。
- 会合終了後は，名刺・資料等の整理や，必要であればお礼状を作成するなど，会合で得たつながりを，次に活かせるようにする。

（3）国際会議

　経済のグローバル化が進み，会議や会合への参加者も国際色豊かになっている。ビジネスパーソンにとって，国際儀礼（プロトコール）の知識も求められる。

① 基本姿勢
　国の大小に関係なくすべて平等に扱うことと，誰もが納得するルールに従うことが基本的な考え方である。相手側も主催者側も共に不快な思いをしない配慮が必要である。相手国の習慣や儀礼を理解し重んじることが第一である。
　基本ルールとしては，「先任者優先」「原則として右上位」がある。

② 国旗の取り扱い
　国旗は国の象徴であり，国旗に敬意を表することは国際社会の基本的なマナーである。外国からお客様を招き，両国の旗を掲げる場合，上述したとおり，「原則として右上位」の考え方により，右側（向かって左側）に相手国の国旗，左側（向かって右側）に日本の国旗を置く。

③ 名前と敬称について
　名前は本人が希望する呼び方や記載をする。ミドルネームがある場合や長い名前で，どのように呼んだらよいかわからないときは，本人に確認した上で正しい呼び方・記載をす

るよう気を配ることが必要である。

④ 会食や会合について

　会食で料理や飲み物を提供する際には，宗教上の制約や嗜好（ハラル，ベジタリアンなど）に配慮する必要がある。また，料理によっては必要に応じてフォーク，ナイフなどを準備する。

　大人数の公式な会合では，主催者が入り口付近で一列に並んでゲストを迎える「レシービングライン」を設ける場合がある。その場で簡単な挨拶を交わし，会場内へ案内する。

　会合の席順は，一般的な席順と同じ考え方でよいが，会合の趣旨や，配偶者同伴の場合の男女のバランスなどを考慮することが必要である。

　会合に招待された場合は，ドレスコードに従い，場に応じた服装を心がける（詳しくは第Ⅲ部第6章を参照のこと）。

第4章 ビジネス文書

1. 文書の意義と役割

　ビジネス実務を行う上で，伝えるべき情報を文書で示すことは重要な業務であり，相手に正確な情報を丁寧にわかりやすく伝えることが大切である。情報を伝達する方法としてメールを利用することがあるが，作成された文書を印刷してやり取りをすることが多い。文書は記録として残すことができ，情報の伝達や取引の重要な証拠ともなる。

　文書の作成では，作成者の文書に関する知識や作成能力，誠実さを問われることになるので，作成者は会社を代表して作成するという自覚を持つ。文書の内容や取扱いによっては，会社の信頼を損なうこともあるため，適切な形式で，表現に配慮をし，内容に間違いがないか確認をしながら作成するとともに，文書の受発信の処理も慎重にするよう心がける。

（1）文書主義とは

　ビジネスにおいての情報伝達は，口頭によるものと文書によるものとがある。口頭による情報伝達は，緊急を要する指示や報告を取り急ぎする処理である。日常的に頻繁に行われ，即時性が高い。しかし，伝達の範囲に限界（人数，声，空間の制限）がある上，時間の経過とともに，双方の記憶がうすれ，忘れたり，あいまいになったりするという問題がある。文書による情報伝達は，紙の上に文字や図形を記すことにより，情報を定着させた処理である。保存性が高く，かなりの情報量を盛り込むことができる。正確に記録されれば，証拠として役に立つ。口頭による情報伝達と比べると，情報の地域的な広がりがある[1]。

　組織での情報伝達に文書を介して行うことを原則とするようになり，そのことを「文書主義の原則」という。

1：天野恒男・伊東倫男編著『ビジネス文書』建帛社，1994，p.5-8。

（2）文書の役割

　文書の持つ基本的な機能は，「情報の伝達」と「情報の保存」である。文書の内容により，行動の喚起，意思決定のための情報提供，事実の記録，社交・儀礼などの目的がある[2]。ビジネス文書により，意志を正確に受信者に伝達することができ，記録として保存することができるため，後での内容確認ができる。また，後日，問題が生じたときの証拠としての役割がある。発信者・受信者の双方が文書の分類・保存をしやすくするために，一つの用件だけを一つの文書にまとめる「一文書に一件」（一件一葉主義ともいう）を原則とする。

2．文書の種類と作成上の注意

（1）文書の種類

　ビジネス文書には大きく分けて，社内文書と社外文書がある。社内文書は指示・命令，報告・上申・届出，連絡・調整，記録・保存の目的をもって作成され，社外文書は，商取引，

表Ⅲ-6　文書の種類

	目的	主な文書例
社内文書	指示，命令	指示書，命令書，通達文，計画書，企画書，稟議書など
	報告，上申，届出	報告書，上申書，届出書，始末書，理由書，リポートなど
	連絡，調整	通知文，依頼文，照会文，回答文，回覧文，伝言メモなど
	記録，保存	議事録，伝票，帳簿など
社外文書	商取引	通知状，依頼状，委任状，承諾状，督促状，抗議状，詫び状，断り状，回答書，契約書，見積書，注文書，納品書，請求書，領収書，企画書，報告書，リポートなど
	社交	挨拶状，案内状，招待状，祝賀状，見舞状，悔み状，礼状，推薦状，紹介状など

出典：佐々木怜子監修『事例に学ぶ事務・文書』東京法令出版，2006，p.18-19を一部改変。

2：前掲注1，p.9-10。

社交の目的で作成される[3]。文書を目的によって分類すると，表Ⅲ－6のように分けられる。

その他に，内容証明文，法律関連の文書等がある。会議資料，業務上の必要に応じて作成した資料等も記録として分類・保存される。

（2）文書作成の注意点

どこの誰に何のために出すのかをきちんと把握した上で，文書の基本形式に従って作成する。発信された文書は会社を代表した公的な文書となるので，会社を代表して書いているという自覚をもって作成する。特に社交文書は，相手に「心を伝える」ことができるよう，誠実に書く。必ず見直しをして確認し，信用や信頼を失わないよう正確な文書を作成する。次のことに注意する[4]。
- 文書の形式に則っているか。
- 作成目的にあった正確な内容であるか。
- 数字や曜日，固有名詞（人名，会社名など）に誤りがないか。
- 正しい表記で，誤字・脱字がないか。
- 敬語を正しく使用し，好感を与える書き方になっているか。
- 社交文書の場合，品格が備わった文章になっているか。
- 読みやすく，バランスがとれたレイアウトになっているか。

内容に漏れがないように，5W3Hでチェックする。When（いつ，いつまで），Where（どこで），Who（だれが），What（何を），Why（なぜ，何のために），How（どのように），How many（どのくらいの数），How much（どのくらいの量，金額）について確認する。

また，実際の仕事では，保有する過去の文書を一部手直しして作成することも多い。その際，年月日，曜日の訂正を忘れることがあるので注意する。また受信者の文字を間違えると失礼になるため，確認しながら作成する。日頃から，受信した文書の形式，内容や表現なども注意して見ておくと，文書作成への理解も向上する。また，文書にはビジネス用語が多く用いられるので，ビジネス用語にも精通しておく必要がある。

3：高橋光男・中佐古勇・森貞俊二・吉田寛治『入門　事務・文書管理　第3版』嵯峨野書院，2009，p.173。
4：藤村やよい「第7章 ビジネス文書」『ビジネスパーソンのためのビジネス実務の基礎』学文社，2003，p.148-150。

3．ビジネス文書の形式

ビジネス文書には，社外に向けて出される社外文書と，会社内部で出される社内文書がある。社外文書は，頭語や挨拶を書く前文，末文や結語が必要であり，社内文書では挨拶等は省略し，いきなり主文から書いていくという違いがある。社外文書が理解できれば，社内文書は比較的容易に理解できるため，先に社外文書の説明をし，その後社内文書について説明する。敬語の表現は，第Ⅱ部第2章の言葉遣いを参考にしてほしい。

（1）社外文書

社外文書は，会社を代表して発信する文書であるので，形式に沿って，正確で丁寧な表現を心がける。図Ⅲ－5は，社外文書の形式である。

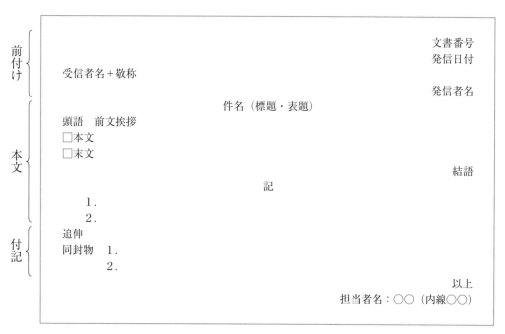

図Ⅲ－5　社外文書の形式

図Ⅲ－6に，社外文書の構成要素と文書例を示す。社外に向けての文書は，用件を記入する前に，相手への礼儀として，挨拶の言葉を入れる。頭語・結語，時候の挨拶，日頃の感謝の言葉等，相手への気づかいと，敬語での表現を用いる。取引上重要な文書には，公

図Ⅲ-6　社外文書の構成要素と文書例

印をきれいにまっすぐ押す(印鑑については，表Ⅲ-9参照)。

　社外文書の構成要素と作成のポイントについて表Ⅲ-7に示す。挨拶や表現の方法については他の例もあるので，事典や文例集なども参考にする。

表Ⅲ-7　社外文書の構成要素と作成ポイント

構成要素		作成ポイントと例
文書番号		重要な文書には，発信する組織名（部署名を簡略化したもの）に通し番号をつける （営発第120号，総発第25号）
発信日付		文書を発信する日付を入れる。西暦，元号のいずれかに統一する （20XX年〇月〇日，令和〇年〇月〇日）
受信者名		文書を受け取る側の組織名，役職，氏名などを入れる 相手によって，様・殿，御中，各位などの敬称をつける ・団体名・部署名　……御中（佐藤商事株式会社御中，～人事部御中） ・個人名・職名　　……様，殿（佐藤太郎様，人事部長様） ・多数（同じ文書）　……各位（お得意様各位，社員各位，各位） ・先生，恩師など　……先生
発信者名		発信する文書に対して，組織名，責任ある者の役職・氏名を入れる
件名 （標題・表題）		その文書の内容を簡潔に示した見出し。社交的な文書以外には，原則として付ける 10字（～15字）程度で1行に収まるようにする （創立〇周年記念祝賀会のご案内，商品カタログの送付について）
前文	頭語・結語	社外文書の本文の冒頭に頭語をつけ，本文の最後に結語をつける 　　　　　　　　（頭語）　（結語）　　　　　　　　　　（頭語）　（結語） 一般的な場合……　拝啓　　敬具　　丁寧な場合……　謹啓　　敬具・敬白・謹白 急ぐ場合……　　　前略　　草々　　返事を出す場合……拝復　　敬具
	時候の挨拶	1月　新春の候，初春の候，頌春の候　　寒さ厳しい折から 2月　余寒の候，晩冬の候，向春の候　　余寒厳しき折から 3月　早春の候，春寒の候　　　　　　　春まだ浅いこのごろ 4月　陽春の候，春暖の候　　　　　　　春爛漫の折から 5月　新緑の候，初夏の候，立夏の候　　薫風かおるこのごろ 6月　梅雨の候，初夏の候，向夏の候　　向暑のみぎり 7月　盛夏の候，猛暑の候，酷暑の候　　暑さ厳しき折から 8月　残暑の候，残夏の候，新涼の候　　残暑厳しき折から 9月　初秋の候，新涼の候　　　　　　　朝夕はしのぎやすくなり 10月　秋冷の候，仲秋の候，錦秋の候　　秋も深まり 11月　晩秋の候，初霜の候，向寒の候　　菊花香る折から 12月　初冬の候，寒冷の候，師走の候　　歳末ご多忙の折から 時下　月ごとの表現を使わない時に用いる表現。このごろという意味 （時下ますます～のことと～）
	安否の挨拶	会社　貴社　ますます　ご隆盛　　　　のことと　　　お喜び申し上げます 　　　貴店　いよいよ　ご発展（ご盛栄）　の由（の段） 個人　貴殿　ますます　ご清祥　　　　のことと　　　お喜び申し上げます 　　　　　　いよいよ　ご清栄（ご健勝）　の由（の段）
	感謝の挨拶	日頃の感謝を表す。　日頃より　格別の　ご高配　　を賜り　厚く御礼申し上げます 　　　　　　　　　　毎々　　　　　　お引き立て
主文		1文字下げて，「さて」から始め，用件をわかりやすく書く （さて，このたび弊社では……）
末文		用件の後に行を変えて，1文字下げて，「まずは」に続けて， 簡単なまとめと終わりの言葉を入れる（まずは，お礼かたがたご案内申し上げます）
記書き		内容がいくつもある場合，文中に，「下記のとおり」と入れ，「記」として， 内容に番号を付けて箇条書きにする。「以上」で締めくくる
付記（追伸，同封物）		特に注意を喚起する事項や，本文に書き入れなかった事項を記入する 文書と一緒に同封するものがあるとき，資料名を入れる
以上		文書の終わりを意味するもので，この後には文章は入らない
担当者名		連絡・問い合わせ用に実務担当者の所属・名前，電話番号を入れる。「以上」の下に入れる

（2）社内文書

　社内文書は，社内での指示，命令，連絡，要請，報告，記録等を機能させる目的で作成するものである。社内文書の形式は，社外文書の形式とほぼ同様である。内部向けの文書であるため，ある程度の丁寧さは必要であるが，前文や末文，気遣いや敬語表現はいらない。社外文書に比べて表現が簡略化され，用件のみとなる。

　社内文書の構成要素と文例を図Ⅲ-7に示す。

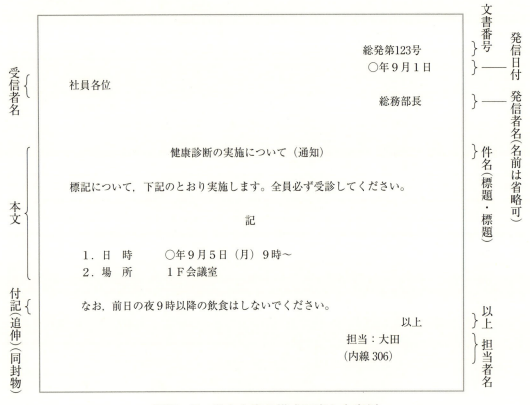

図Ⅲ-7　社内文書の構成要素と文書例

表Ⅲ-8は、社内文書の構成要素と作成ポイントである。社内文書の場合は、拝啓・敬具などの頭語・結語、季節の挨拶、お礼の言葉・末文等はいらない。個人に出す場合を除き、全社員や関係者に出すことが多いので、受信者の敬称は「各位」をよく用いる。発信者名は氏名を省略し、役職名だけを入れる場合が多い。正確で理解しやすい文書作成を心がける。

表Ⅲ-8　社内文書の構成要素と作成ポイント

構成要素	作成ポイントと例
文書番号	重要な文書を発信する場合、部署名と通し番号をつける 文書台帳に書かれる。文書番号を省略することもある 　（総発第120号…総務部が発信する第120番目の文書）
発信日付	文書を発信する日付を入れる。西暦、元号のいずれかに統一する 　（20XX年○月○日、令和○年○月○日）
受信者名	同じ文書を複数に出す場合、個人名ではなく○○各位とする 　（社員各位、○○委員各位） 個人に出す場合は、部署・役職・氏名に様または殿の敬称をつける
発信者名	文書に対する責任者の役職・氏名を入れる。通常の文書では、氏名は省略することが多い（総務部長、○○委員長）
件名（標題・表題）	その文書の内容を簡潔に示した見出し。10字〜15字程度で1行に収まるようにする 　（○○説明会の実施について（通知）、○○委員会のお知らせ）
本文	最初から用件を書く。です・ます体で簡潔に表現する
記書き	内容がいくつもある場合、文中に、「下記のとおり」と入れ、「記」として、内容に番号を付けて箇条書きにする。「以上」で締めくくる
付記（追伸、同封物）	特に注意を喚起する事項や、本文に書き入れなかった事項を記入する。文書と一緒に同封するものがあるとき、資料名を入れる
以上	文書の終わりを意味するもので、この後には文章は入らない
担当者名	連絡・問い合わせ用に実務担当者の所属・名前、電話番号を入れる 「以上」の下に入れる

4. 一般の文書

（1）縦書き文・便せん

ビジネス文書のやり取りは横書き文書がほとんどであるが，特に社交文書は縦書きで書くことがある。こちらの心が伝わるように，厚めの用紙で格調高く，楷書で誠実・丁寧に書き，切手をきちんと貼り，タイムリーに出す。図Ⅲ-8に縦書き文書の基本形式に沿った縦書き文の例を示す。

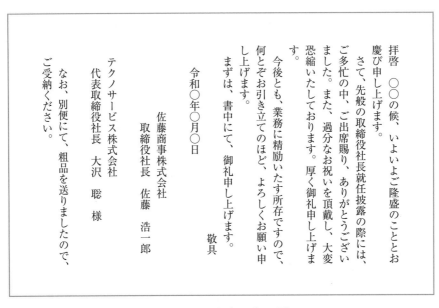

図Ⅲ-8　縦書き文の例

（2）封筒の書き方

発信する文書の多くは，封筒を利用する。宛名を手書きで書く場合には，図Ⅲ-9のような形式で，次のことに注意しながら書く[5]。

- 楷書で丁寧に書く。
- 会社名を，（株）と省略せず，「株式会社」と正式に書く。役職がある時は，役職を小

5：前掲注4, p.159。

さく書き，続けて名前を書く。敬称は，文書と同じ要領でつける。
- 間違えた場合は，修正液や修正テープで訂正せず，書き直す。
- 本人に必ず開封してもらいたい文書には，封筒の名前の左下に「親展」と書く。
- 封筒はステープラ（ホッチキス）やセロテープなどで綴じないで，のり付けをする。一般的な文書の封緘は「緘」「〆」「封」を記す。
- 切手は所定の位置に，真っ直ぐに貼り付ける。封筒の大きさ・重さと，普通郵便か速達などの特殊郵便かを確認して，正確な料金の切手を貼る。料金が不足しないように最新の郵便知識が必要である。

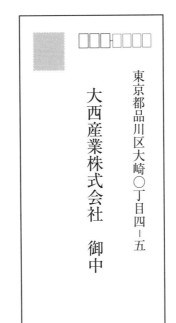
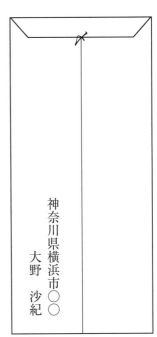
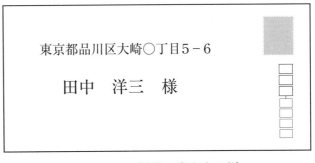

図Ⅲ-9　封筒の書き方の例

　大量に発送する場合の封筒は，宛名ラベルを利用することが多い。コンピュータで差し込み印刷等を利用し宛名ラベルを作成・利用する場合は，次のことに注意する。
- ラベルのサイズ，文字のサイズや配置，スペースに配慮する。
- 用いる住所等のデータは，印刷の前に最新のデータであることを確認しておく。
- 印刷したラベルは，封筒の適切な位置にまっすぐに貼り付ける。

　はがきや封筒に，会社名・住所などの印鑑を利用する場合は，文字が鮮明に見えるようにゆがまないように押す。お祝い事や気を遣う文書には，宛名ラベルを使わないことが多い。発信者側は多数に対して発信するものであっても，受信者側からは1対1の関係である。丁寧な処理を心がける。

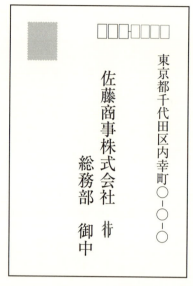

図Ⅲ-10　返信はがきの例

（3）返信はがきの書き方

　はがきは，文面が誰にでも見えるため，用件は見られてもよいものに限られる。簡単な案内や挨拶，案内に対する返信で出すことが多い。返信はがきの宛名や文面の例を図Ⅲ-10に示す。自分への気遣いの部分や訂正すべき部分は二重線で消し，宛名には敬称をつける。文面には簡単に言葉を添えると，相手が受け取った時の感じがよい。返信の場合は，できるだけ速やかに出す。

（4）委任状

　委任状とは，当事者ができないため第三者に何かを依頼する際に，その意思表明を書き記す文書である。会議成立の定足数の確認や議決権の行使，正式な手続き等において必要となる。図Ⅲ-11に例を示す。
　会議に欠席する場合に提出する委任

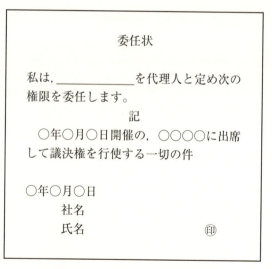

図Ⅲ-11　委任状（会議の例）

状は，通常，会議開催の案内状に同封されたハガキに，必要事項を記載して返信することが多い。代理人がいない場合は，白紙委任か，議長（または会長等）と書く。この委任状は，定足数に加えられ，議決においては1票として代理人に任せられるため，必ず提出する。

5．電子メールの利用

ビジネスでは，情報を伝達する手段として，電子メールを利用することが多い。電子メールの利点として，メールの環境があればいつでも送受信できること，ファイルが添付できること，内容が記録され確認ができることがあげられる。

メールはビジネス文書同様に，発信・受信の記録となるため，内容を十分に確認した上で発信する。文字だけでのやりとりになるので，相手への配慮と，正確で丁寧な表現を心がけることが大切である。図Ⅲ-12に電子メールの例を示す。

特に，同じメールを複数の人に送る時には，CC（Carbon Copy：カーボン

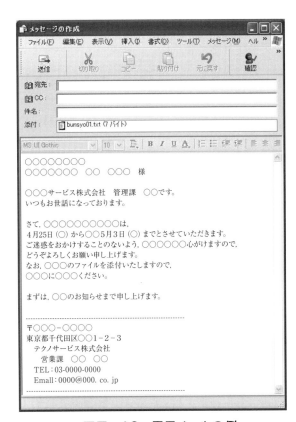

図Ⅲ-12　電子メールの例

コピー）を利用する場合とBCC（Blind Carbon Copy：ブラインドカーボンコピー）を利用する場合があるので，使い方の違いに注意する。CCで送る場合は，一緒にメールを受け取った他の人のメールアドレスが受信者にも表示される。BCCで送る場合は他の人のメールアドレスは表示されないので，受信者に他の人の個人情報を知られないように配慮する時に利用する。CCで受け取ったメールにそのまま返信すると，他の人のメールアドレスにも同じメールが届くので，注意する。

電子メールの一般的な書式とルールを身につけるとともに，電子メールへのファイル添付や送受信をする際には，次のことに注意する。

・添付するファイルをまちがわないように確認する。

- ファイルを添付し忘れることがあるので注意する。
- ファイル添付は，相手のコンピュータの機種やソフト，バージョンの確認が必要な場合がある。
- ファイルの容量により，分割して送るか，圧縮ファイルで送る。圧縮ファイルで送る時には，相手のコンピュータに解凍ソフトがあるか確認が必要である。
- 必ずしも，相手がメールをすぐに見るとは限らない。急ぐときには，電話で一報入れた方がよい。
- 返信が必要な場合はすみやかにする。
- 特に個人に対する連絡を受けた場合は，「了解しました」「ご連絡ありがとうございました」「承知いたしました」等，相手や内容により，受信をした旨の返信をする。ただし，複数の人へのメール（CC）またはメーリングリストによるメールの場合で，一方的な連絡や見るだけで返事の必要がないときには返信の必要はない。
- メールでのやりとりが多い場合は，相手または内容別にフォルダーを作りメールを分類しておくと，後での確認がしやすい。

6．文書の工夫

（1）視覚的な工夫

通常やりとりするビジネス文書は形式に沿って作成されるが，以下のような視覚的な工夫も必要である[6]。いろいろ盛り込みすぎると，かえって内容が見づらくなることもあるため，注意する必要がある。
- 文字の書体やサイズを変えて，目立たせる。
- 線を引いたり，対象部分を囲んだり，色づけ（網掛け）して，強調する。
- 記号を利用して，周囲と区別をする。
- 内容を箇条書きにして，わかりやすくする。
- 図形を利用して，説明をわかりやすくする。
- 適切な箇所で，段落・字下げをし，読みやすく理解しやすくする。
- 文書の内容量により行間のスペースを工夫し，全体を見やすくする。

6：石井典子・三村善美『ビジネス文書実務』早稲田教育出版，2012, p.127-130。

- 文中の見出し記号を統一し，効果的に使う。(第1章, 1, (1) ……など)

(2) 表・グラフを用いた資料作成

　会議の資料や報告・説明のために，文章に加えて表やグラフを利用することも多い。これらを用いることで，理解しやすく，また説得力を高める等の効果がある。数値のデータを表形式の一覧表にして比較しやすくしたり，グラフにして視覚的にとらえやすいように工夫をしたりする。表やグラフの作成で利用したデータや引用があれば，下に出所（出典）を書く。グラフで何を示したいのかにより，用いるグラフが異なるので注意する。一般的によく利用されるグラフと用途を以下に示す。
- 棒グラフ………………棒の長さによって数量の大小を比較する
- 折れ線グラフ…………数値の連続した動きや推移を示す
- 円グラフ・帯グラフ…全体を構成する内訳の割合を示す

7．文書処理・取扱いに関する知識

(1) 文書の取り扱い，手続き

① 通常の文書
　郵便や宅配便等で受け取った文書は，宛名を確認しながら分類していく。一般郵便物の他に，速達，書留，親展等があり，それによって緊急性，重要性，機密等を判断する。親展（名宛人本人が開封してほしいという文書）とかかれたもの，私信と思われるものは開封せず，名宛人に渡す。親展や私信以外の文書については，受信記録簿に記載する。
　文書番号入りの発信文書は，記録簿に記載する。

② 機密文書の取り扱い
　機密文書の取り扱いについては，次のことに注意する。
- 機密文書を作成する時は，周囲の人や状況に注意し，作成途中でそのまま席を立ったりしない。
- 文書を見えるところに置いたりしない。
- 機密文書は，他の一般文書とは別に，鍵のかかるところに厳重に保管する。

- コピーをとる必要がある場合は，人がいない時にミスをしないようにコピーをとる。ミスをした分は，必ずシュレッダー（裁断機）にかける。必要枚数のみコピーし，コピー機に原稿を置き忘れないように注意する。
- 機密文書を持ち運ぶ時は，外から見えないように必ず封筒に入れる。受け取り印をもらう場合もある。
- 郵送する場合は，二重封筒にして中の封筒には○秘を記しておく。「親展」表示をして本人が開封するようにし，簡易書留扱いにする。郵送するときは相手に連絡しておく。
- 機密文書をファックスやメールのファイル添付では送らない。
- 機密文書を破棄する時は，シュレッダーにかける。

③ 印鑑

　ビジネスでは，やりとりに用いる文書に，押印やサインをすることが多い。特別配達の郵便物や，宅配物受け取りの際にも，配達の書類に押印やサインをする。文書に対する押印は，文書の内容に対して承認した，関わったという意味で用いるので，内容をよく確認して押す。重要文書は社印を用いるが，上層部の承認が必要なため，そのような手続きを経た文書であるか確認する。文書に押印するときは，丁寧に真っ直ぐに押す。重要な印鑑の管理は特に慎重に行い，押印した文書については台帳に記入する。
　会社で用いる印鑑の種類には，表Ⅲ－9に示すようなものがある。

表Ⅲ－9　会社で用いる印鑑

代表取締役印（代表者印，社長印）	会社で最も重要な印鑑。会社が本店所在地の法務局に届出している印鑑。会社の経営者が対外的に会社を代表して重要な契約や登記等を行うときに使用するため，「代表者印」ともいう。通常「○○株式会社代表取締役之印」と刻まれ，形が丸いことから「丸印」とも呼ばれる
社　　印	会社が請求書や領収書等に押印する会社の認印。契約書等に会社の実印とともに使用することもある。通常「○○株式会社之印」と刻まれ，形が四角いため「角印」とも呼ばれる
職　　印	職名を刻印したもの
銀　行　印	銀行などの金融機関に届けて使用する印鑑。預金の支払の他，小切手や手形の振り出しに必要である
認　　印	一般的な書類の作成時や内容確認，願や届の提出，受け取りに使用する

印鑑は，文書の内容によって，表Ⅲ-10のような役割で用いることがある。

表Ⅲ-10　印鑑の役割

実　　印	本店所在地の法務局に届出している印鑑の代表者印。実印が必要な書類に押す。印鑑証明書を添付
割 り 印	同じ文面の文書を2つ以上作成したとき，その文書が関連のあるもの，または同一のものであるということを証明するための印
契　　印	契約書等が2枚以上にわたる場合に，1つの文書であることを証明するために，両ページにまたがって押す印
消　　印	収入印紙を貼った場合に印紙と貼った書類にまたがって押す印
訂 正 印	契約書に記載した文字を訂正したことを証明するために押す印

（2）郵便の知識

① 郵便料金

　文書を郵送する際には，利用する種類，封筒のサイズ，封筒も含めた重さによって郵便料金が異なる。定形郵便物は，長さが14cm～23.5cm，幅が9cm～12cm，厚さが1cmまでであり，重さが25g以内と50g以内で郵便料金が異なる。書留や各種証明，ゆうメール等を利用することもあり，郵便局または郵便局のサイトで手続き方法や利用料金を確認する。

② 大量の郵送

　ビジネスでは，同文書を大量に発送したり受け取ったりすることが多い。その際の郵便料金支払い方法として，料金別納，料金後納，料金受取人払を利用できる。それらを利用する際には，郵便物・荷物の表面左上部に，図Ⅲ-13に示すような表示が，それぞれ必要である。

a．料金別納

　一定量以上の同一料金の郵便物を同時に出す場合，個々の郵便物に切手を貼る代わりに所定の表示をし，料金相当額の切手または現金を添えて郵便局に差し出す扱いの郵便である。同時

図Ⅲ-13
封筒の表示形式の例

に，郵便物・荷物を 10 通（個）以上差し出す際に，料金を一括して支払える。

b．料金後納

郵便物・荷物が毎月 50 通（個）以上ある場合，事前に取扱郵便局の承認を受け，一か月間に差し出す郵便物・荷物の料金等の概算額の 2 倍以上に相当する額の担保を提供すれば，一か月分の料金を翌月に一括払いすることができる。

c．料金受取人払

アンケート調査や通信販売の注文書，資料請求のように，返信が多数でしかもその数が特定できないような場合，返ってきた郵便物に対してのみ料金を払うことができる制度である。差出人には料金を負担させないので，回答・返信が得やすいうえ，経費節減にもなる。あらかじめその表示をした封筒・ハガキ等の印刷見本を添えて郵便局の承認を得る必要があり，100 枚以上の配布の場合に利用できる。ただし，郵便物・荷物 1 通（個）につき手数料がかかる。

（3）文書の保存年限

文書の保存年限については，組織によって異なる部分もあるが，法的にも定められているので，それにしたがって保存する。例えば，定款，株式総会議事録，株主名簿等は，商法で永久保存となっている。また，商業帳簿及び営業に関係する重要書類（貸借対照表，損益計算書，総勘定元帳，営業報告書等）は，商法で 10 年保存となっている[7]。永久保存（永年保存）を 30 年に一度は見直し・評価を行うという考え方に方針変更することが多くなっている。また，歴史的に貴重な文書を永久保存することもある。

7：佐々木玲子監修『事例に学ぶ事務・文書』東京法令出版，2005，p.90。

第5章 情報管理

1. 情報管理とは

ビジネスにおける情報の重要性はますます高まっている。情報通信技術の進展により、さまざまな情報の収集、蓄積、活用が可能になっている。正確で信頼できる情報を収集・整理・加工し、後の利用のために適切な管理をする。情報の不適切な取り扱いや利用によりミスや情報漏えいがあった場合、業務に支障が出るだけでなく、会社の信頼を大きく失墜させることもある。

情報業務においては、一人ひとりが情報の正確性・信頼性を確認し、情報の取り扱いや利用に十分な注意をする。ビジネスでの活用とともに、セキュリティ対策、個人情報保護や知的財産権等を理解し、しっかりとした情報管理をする必要がある。

情報管理とは、各種情報を効率的・統合的かつ的確に収集、生成、変換、分類、整理、分析、保存、伝達し、利用して、処分する一連の過程であり、情報が漏えい、破壊、消失しないよう管理することである[8]。情報を選択・収集・整理・加工し、必要に応じて的確な情報を常に提供できる状態にしておき、必要に応じて廃棄する。

2. 情報の収集

(1) 情報の収集と選択

ビジネスでは、さまざまなソフトウェアを利用した文書処理やデータ処理、情報システムの利用、ネットワーク利用による情報の受発信を行っている。それらに加えて、組織、部署、個人の職務上の必要に応じて、情報を収集し、活用することもある。また、新しい

---

[8]：大西正和・和田弘名編著『現代の情報管理　インターネット時代のビジネス科学』建帛社、2000、p.11。

行動を起こそうとする時には，まず行動に関連する情報を収集し，その情報を元にして行動することが多い。

入手可能な大量の情報の中から，必要な情報を選択・収集し，価値のある情報を蓄積し，利用していく技術を身につけることが必要となる。

情報を収集するための情報源には次のようなものがある[9]。

- 新聞・雑誌
- 図書，図書館，書店
- データベース
- CD-ROM（Compact Disc Read Only Memory）
- インターネット
- 測定，観察，アンケート調査
- その他
  ◦ 大学紀要，専門機関の研究報告書，公共機関の調査報告書
  ◦ 講演会，学会，研究会，講習会，見学，視察，傍聴
  ◦ 会社カタログ，製品カタログ，パンフレット類，特許資料
  ◦ 抄録紙，書誌
  ◦ 専門家，関連業者，人的ネットワーク
  ◦ 放送

公的機関の報告や調査結果等はインターネットによる公開が進んでいる。書店では入手できない灰色文献といわれる資料，所属していないと入手できない資料も多く，直接交渉による入手や図書館に依頼し入手する方法もある。

組織の特徴によって求める情報は異なるが，ビジネスで利用することが多い商用データベースは，企業情報，人物情報，新聞・雑誌記事情報，特許情報，判例情報，官報，科学技術文献情報，海外情報，辞書・事典等がある。商用データベースを利用する場合には，契約が必要であり，利用料金が発生する。

研究・教育で利用が多い論文・雑誌情報はその多くが電子ジャーナルとして提供されている。商業出版社と契約することにより，その機関に所属するものは自由に論文を閲覧することができる。しかし，非常に高額であることが課題となっている。論文を自由に見ることができるオープンアクセスも増えている。

9：前掲注8，p.12-14。

第5章　情報管理　|　**147**

　最近は，インターネットが情報収集手段の中心になっているが，ある分野についての情報は，その専門家に聞くという方法が確かで早いという場合もある。情報源は数多くあり，ビジネスにおいては，情報ニーズを把握して確かな情報源を選択し，信頼性の高い情報を収集する。

（2）情報収集上の注意

　価値ある情報を収集するための一般的条件としては，正確性，高速性，タイムリー性，即応性，遠隔性，大容量性があげられる。情報収集にあたっては，次のことを事前に確認する。
- 情報収集の目的を知る
- どのような情報源（媒体，機関など）に当たればよいか
- どの範囲まで集めるのか
- 期間はどのくらいか
- 連続か集中か

情報を収集する際に必要なことや注意点は，以下のとおりである[10]。
- 良質な情報を収集するためには……
　　収集する内容についてあるレベル以上の基礎知識があり，収集された情報の良否を見抜く力と適切な判断力が必要である。
- 収集される情報の中には……
　　意図的に操作された情報，偏った情報も混在している。また，収集者に都合のよい情報のみが取り上げられ，都合の悪い情報が切り捨てられる，ということがないように，細心の注意が必要である。
- 収集した情報について……
　　情報の信頼性のために，出典（情報源）を明確に記述する。インターネット上の情報を利用する際には，ＵＲＬ（Uniform Resource Locator：インターネット上に存在する情報資源の位置を記述するためのデータ形式），ページタイトル，アクセス日を入れる。インターネットの情報は，内容が更新・移動・削除されることがあり，いつの時点での情報であるかの記載が必要となる。

10：小山田了三『情報史・情報学』東京電機大学出版局，1993，p.129-131。

的確な情報の収集ができるように，情報を収集するときには，問題意識を持って情報を見ること，柔軟な目で情報を見ること，情報の本質を見抜くことの目を養う[11]。

3．情報の整理・加工

(1) 情報の組織化と分類

収集した情報は，必要な情報を取捨選択し，整理・加工・蓄積することでより価値が高まる。入手した情報をそのまま利用することもあるが，情報を活用するために，内容を要約したり，必要部分だけを抽出したり組み合わせたりして加工することがある。その際には，情報の信ぴょう性，情報加工の妥当性，情報の内容・表現の妥当性を確認するとともに，著作権や肖像権の侵害がないように注意し，出典を明確に示すことや，許可を得ることも必要になる。

整理・加工した情報は，後の活用のために分類をする。分類は，合理的かつ有効な方法で一定のルール（組織化）によって区別し，その中から特定の情報を見つけ出すことを意図して行われる[12]。分類法の例をあげると，図書資料であればNDC（Nippon Decimal Classification：日本十進分類法…主題による分類）が多い。文書であれば作成・収集した組織・部署・内容ごとに分類され，年度ごとにまとめられることが多い。整理し分類するだけでは，どのような資料がどこにあるのかわからないため，リスト化・ファイル化をし，検索ができるようにする。

(2) データベース

データベースとは，保管・検索・抽出が可能なアプリケーション・ソフトまたはユーザによって共有されるデータの集合である。データを一定のルール（組織化）で蓄積し，必要に応じて取り出せるようにしたものである。データベース化によって，データの共有化，標準化などが達成できる。

ビジネスでは，組織内で保有する顧客のデータや商品・製品の在庫データをデータベー

11：池内健治編著『ビジネスと情報』実教出版，2002，p.25-26。
12：髙橋光男・中佐古勇・森貞俊二・吉田寛治『入門事務・文書管理』嵯峨野書院，1996，p.230。

ス化して，蓄積・利用することが多い。内部の代表的なデータベースとしては，人事，製造・販売，特許，技術情報，リコール／クレーム対策，機器備品，所蔵する図書・資料等がある[13]。外部のデータベースでは，Webサイトや Webページ，商用データベース等がある。

4．ファイリング

（1）ファイリングの目的と方法

　ファイリングとは，経営管理における意思伝達手段としての文書を，分類・整理・保管し，必要なときに誰でもがいつでもすばやく検索・利用できるようシステム化することである[14]。
　ファイリングには次のような目的がある。
- 情報の効果的活用のため…………将来参照し活用する
- 文書検索の能率を図るため………必要文書をより早く簡単に取り出せる
- 文書の私物化を防ぐため…………文書を共有し，だれでもが自由に利用できる
- スペースコストの節約のため……スペースを節約し，不必要な文書を捨てる

　ファイリングによって，情報が活用され，業務の効率化が進み，スペースの有効利用にもつながる。文書の保存年限に関しては法規に従う。
　ファイリングの対象となるのは，文字，符号または音声などが用いられているもの，耐久保存のきくモノに記録されているもの，意思伝達性を有しているものである。
　ファイルの内容により，表Ⅲ-11に示すような方法で分類・整理を行う。
　ファイリングの方法は，紙の文書の場合と，電子文書の場合がある。

（2）ファイル用ツール

　電子文書が増えているとはいえ，紙の文書でのやり取りがほとんどであり，作成した文書は印刷して記録のためにファイルすることが多い。各々の組織の適切な手段でファイリングを行う。

13：前掲注8，p.55。
14：前掲注12，p.144-145。

表Ⅲ-11　ファイルの整理法

整理法	特徴
相手先別整理法	相手先の名前をファイルのタイトルにする方法
コード別整理法	相手先につけた数字や記号の順に並べる方法
主題別整理法	文書の内容別にまとめて整理する方法
標題別整理法	伝票や帳票化された文書や報告書などを，その文書の標題をタイトルにしてまとめる方法
形式別整理法	文書の形式（稟議・規定・通達・議事録・契約書など）をタイトルにしてファイルを作る方法
一件別整理法	工事・行事・特許出願等に関する文書を，始めから終わりまでまとめてファイルする方法
日付別整理法	発生あるいは処理した日付によって整理する方法。他の方法も最新のものを上にするが，基準に沿って期間の単位でまとめる。

出典：天野恒男・伊藤倫男『ビジネス文書』建帛社，1994，p.108-109 および
水原道子『ビジネスとオフィスワーク』樹村房，2012，p.121 を参照して作成

　紙の文書は，デスク上または書棚にファイル用ツールを利用しておくことが多い。文書を入れ，それぞれのファイルの表面または背表紙に，分類名や年度などの情報を貼付して，ファイルを探し出しやすくしておく。図Ⅲ-14 に紙の文書を簡単にまとめる際に用いる文具，図Ⅲ-15 に主なファイル用ツールを示す。

ゼムクリップ　　クリップ　　ダブルクリップ　　ステープラー　　パンチ
　　　　　　　　　　　　　　　　　　　　　　（ホッチキス）

図Ⅲ-14　紙の文書に用いる文具

（3）紙の文書のファイリングの種類

　紙の文書はファイルに入れ，デスクまたは周辺に置くことが多いが，利用頻度や内容によって，キャビネット，書棚・保管庫等に収納する。

紙の文書のファイリングでは，バーティカル・ファイリング，バインダー式（簿冊式）ファイリング，ボックス・ファイリングが一般的である[15]。

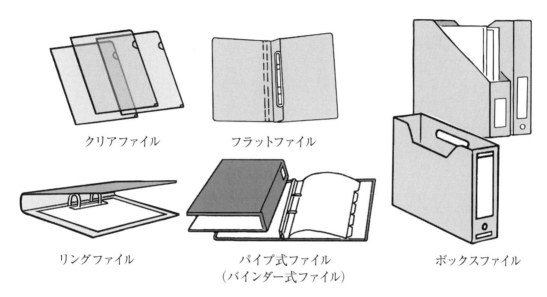

図Ⅲ-15　紙メディアのファイル用ツール

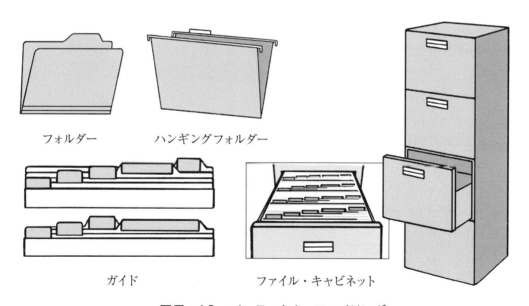

図Ⅲ-16　バーティカル・ファイリング

15：城下直之『文書管理・記録管理入門―ファイリングからISOマネジメントまで』日外選書，2008，p.112-114。

① バーティカル・ファイリング

バーティカル・ファイリングは，図Ⅲ-16に示すように，フォルダーに共通性のある文書をまとめて挟み込み，引き出し式の什器に保管する。キャビネットの引き出しや，ファイルボックスに立てて並べる方法である。綴じ込まないので，出し入れがしやすい。キャビネットの引き出しの中には並べたフォルダーの区切りをし，見出しのガイドをつけて探しやすくする。

② バインダー式ファイリング

バインダー式ファイリングは，バインダーやパイプファイルのような背表紙に厚みのあるファイルに文書を重ねて綴じ，背表紙にタイトルを表示し，書棚などに図書のように立てて並べていく方法である。

③ ボックス・ファイリング

ファイルに入れた紙の文書を，内容別や年度別にボックスファイルに入れ，表にタイトルを表示し，書棚などに図書のように立てて並べていく方法である。

いずれのファイリング方法でも，ファイルの内容によって，キャビネットに施錠したり，施錠可能な扉のある保管庫に収めるとよい。

（4）名刺情報のファイリング

ビジネスでは，挨拶時に自分を知ってもらうために名刺を交換することが多い。名刺は個人情報である。名刺に後で，受け取った日付を記入したり，要件を簡単にメモして記録とする場合もある。ただし，お客様の前では記入しない。いただいた名刺は，大切に取り扱うように心がける。個人が収集した名刺は，情報保護・活用の点からも，個人管理から，組織的な管理へ移行していくことが望ましい。管理された情報は，個人でも全社的にでも活用できるように一元管理をするとよい。名刺の管理ツールとして，例えば，図Ⅲ-17に示すように，名刺整理帳，名刺整理箱等の利用，デジタルでの名刺管理などがある。

名刺整理帳を利用する場合，分類と順番を明確にルール化しておく。各ページにある程度空欄を設けておき，後からの名刺を入れられるようにしておく。手作業による名刺管理は，一覧性があることと，機器に依存せず管理できる利点がある。しかし名刺を分類・整

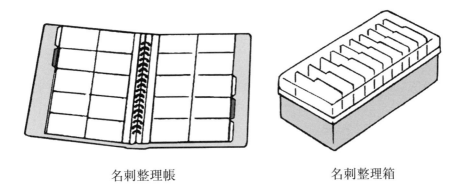

　　　名刺整理帳　　　　　　　　名刺整理箱

図Ⅲ-17　名刺の管理ツール

理する手間や，同じ人の名刺や担当者変更があれば常に最新の名刺に入れ替える作業，廃棄する名刺の選択と処理が必要となる。整理の仕方によっては，後の利用の際に，探す手間がかかる。

　名刺整理箱は，氏名や会社名や五十音順で立てて並べることができ，探しやすい。回転式の名刺ホルダーもあり，探しやすくデスクの上に置いてもかさばりにくく，時系列で並べる場合には利用しやすい。

　デジタルでの名刺管理では，名刺をスキャンし，その名刺データが蓄積され，検索・管理ができる。大量データの管理や検索の利便性がある。しかし，ハードウェアやソフトウェアに依存するため，トラブル時の対応が必要であり，メーカーによる変更や製造中止等の可能性もある。

　それぞれの管理ツールの特徴をふまえて，名刺管理を行う。

（5）電子ファイリング

　コンピュータによる情報処理が中心になり，電子ファイリングをすることで，大量のデジタルファイルの保存が瞬時に行え，再利用も非常に簡単にできるようになった。

　電子ファイルとして保存をする利点として，次のことがあげられる。

・膨大な情報を，スペースをとらずに保存できる。
・ファイル管理がしやすい。
・フォルダーを作成して内容別に管理することもできる。
・ファイルの並べ替え・移動・削除等が容易である。

- 検索性が高い。
- ファイルの再利用や再蓄積ができる。

組織全体で電子ファイルを利用する際には，次のことに注意する。
- ネットワーク上で情報管理を行い，ファイルの共有をする場合は，決められたルールを守って保存・利用をする。
- 個人情報保護を厳守する。
- セキュリティを確保する。

　電子ファイリングでは，セキュリティの確保，電子記録メディアの利用可能期間，壊れたり削除されたりした場合の対応に課題がある。そのため，長期保存する場合には，紙メディアとの併用やマイクロフィルムの利用等で対応をすることもある。

　オフィスでのペーパーレス化が進むといわれているが，作成された文書は，内容確認やファイリング用，後での閲覧用にプリントアウトされることが多く，必要に応じて複写もされる。そのため，紙での管理も継続していく。

　紙の文書，電子文書のいずれにしても，貴重な情報を活用するために，適切なファイリング，不必要な文書の廃棄をし，情報の整理をすることが必要である。

(6) 文書のライフサイクル

　文書には，「ライフサイクル」がある。文書の作成・入手から，伝達・処理を経て，再利用のための保管・保存を行い，保存期間が満了した時点の処分までのサイクルである。

　文書管理では，「保管」と「保存」を使い分けている。「保管」とは比較的新しい文書（活用する可能性が高い期間）をオフィスで管理することであり，「保存」とは，年数が経過した文書（活用する可能性が低い）を書庫等に移して管理することである。

　紙メディアの文書の常用分や当年度分は，キャビネットや保管庫の取り出しやすい部分に置き，一定の期間が過ぎた時点で利用頻度が低いものを下段に置く「移しかえ」を行う。それ以降，保存の必要がある場合は，保存年限ごとに保存箱にいれ，書庫へ置き，保存（置きかえ）をする。必要に応じて文書の破棄を行う。

　保存年限が来た文書の処分については，廃棄する場合，保存期間を延長してそのまま保存する場合，歴史的に重要な文書・記録を永久保存し公開する機関（またはそれらの部門・組織）であるアーカイブズへ移管する場合がある。文書を有効に活用するとともに，内容に応じた文書の処分を組織の方針にそって的確に行う。

5．情報の活用

（1）情報の共有と提供

① ネットワークの利用

　ビジネスでは，顧客や取引先，商品・製品情報等，さまざまなデータが大量に発生している。このようなデータに対し敏速かつ適切な処理を行うためには，コンピュータとネットワークを活用することが重要である。ネットワークを利用して，電子メールでの組織内外とのメッセージの受発信やファイルのやり取り，データベースの利用，ファイルの共有，グループウェア利用による共同作業が可能である。

　グループウェアとは，複数の人が一つのまとまった仕事を共同作業で成し遂げようとする場合に，ネットワークを用いて支援するアプリケーション・ソフトウェアである。機能としては，電子メール，電子掲示板，電子決済，電子会議，スケジュール管理，ドキュメント管理等がある。グループでの情報伝達，情報確認や処理，情報共有で利用される。

② ファイルの共有

　組織内に共有フォルダーがあれば，作成したファイルを提出・保存したり，ファイルを受け取ったりして情報を共有することができる。共通の作業で他のファイルを参照したり，フォーマットを利用したりすることもある。インターネット上のファイル共有サービスを利用すれば，組織外の人との共同作業に利用することもできる。ファイルを共有する際は，フォルダー名やファイル名の付け方，利用上のルールを決めておくとよい。

（2）情報の分析と活用

　蓄積されたデータを用いていろいろな分析をし，状況や傾向の把握，判断，意思決定，新たな提案などに活用する。

① データの分析

　既存の文献や資料のなかからデータを収集したり，一定の目的のもとに調査や実験を実施して新たなデータを収集したうえで，そのデータから有用な情報を引き出し活用する。
　数値データは，度数，平均，散布度，比較，尺度，相関，因子分析等の多様な分析をす

ることで，状況や傾向の把握ができる。何のためにデータを分析し，何にいかすのかを明確にする。

② 管理情報の活用

組織内外の情報源から入手したデータを加工し，組織活動に意味のある情報に変換・蓄積し，組織内外に情報を提供する。分析したりデータベース化したりした情報に対し，全社的な一元管理をすることによって，原材料の調達，生産，販売，会計，人事等の計画にいかし，ニーズに応えた情報提供を行うことができる。

最近では，カードの利用データやインターネットのアクセス情報等の大量のデータ（ビッグデータ）を分析し，ビジネスへ展開することも多くなっている[16]。ビッグデータの共通する特徴としては，多量性，多種性，リアルタイム性等が挙げられる。ICTの進展により，このような特徴を伴った形でデータが生成・収集・蓄積等されることが可能・容易になってきており，異変の察知や近未来の予測等を通じ，利用者個々のニーズに即したサービスの提供，業務運営の効率化や新産業の創出等が可能となる点に，ビッグデータの活用の意義があると考えられる[17]。

（3）企画とプレゼンテーション

① 企画の立て方

企画とは，ある事を行うために計画をたてることである。企画書の役割は，企画した内容の必要性を関係者に認めてもらい，その企画を実現することにある。そのためには，企画した内容そのものが大切であるが，魅力的で説得力のある理解しやすい企画書を作成し，企画内容を理解してもらうことも大切である。

企画を立てるには，次の内容を入れ，目的，方法，効果を明確に示す。

- ・テーマを明確にする　・何をめざすのか　　　・どうなるのか
- ・何が得られるのか　　・必要な資源と実現可能性　・スケジュール

企画書作成の手順は，図Ⅲ-18のとおりである。

まず，企画の根拠となるニーズを明確にし，企画のコンセプトを明確にする。企画書の骨格を作成して，それに基づき情報や資料を収集する。企画書全体の構想を練り，作成方

16：野村総合研究所『ビッグデータ革命』アスキー・メディアワークス，2012。
17：総務省『平成24年版　情報通信白書』ぎょうせい，2012。

針を決定する。目次を作成し，それに沿って内容を入れていく。企画書を読む人が読みやすいように，レイアウトを調整する。企画書の例を，図Ⅲ-19に示す。

　誰あてに，いつ，誰が作成したのかを最初に記入し，企画の内容を書き，必要に応じて資料も添付する。

```
                           ○年○月○日
○○様
                           企画部　○○

        接遇研修　企画案
1．企画の主旨・目的
    社員の接遇スキルを向上させ，お客様に感じの良
    い応対をし，当社のイメージアップを図る。
2．現状
    必要に応じて，業務の中で接遇の指導をしている
    が，指導者によって，指導不足であったり，指導方
    法が異なったりして，徹底できていない。
3．研修の方法
    ①外部講師による接遇研修
    ②トレーニングビデオの視聴と意見交換
    ③ロールプレイングによる実習
4．対象
    入社1年目の社員
5．効果
    ①社員の接遇に対する意識の向上と，スキルアップ
    ②お客様の当社に対するイメージアップ
6．実施スケジュール
    ○年○月○○日　～　○○日
7．費用
    20万（講師謝礼，ビデオ購入，資料費，消耗品代）
```

図Ⅲ-19　企画書の例

企画の根拠となる
ニーズの明確化
↓
企画のコンセプトの明確化
↓
企画書の骨格を作成
↓
情報や資料の収集
↓
企画書全体の構想を練り，
作成方針の決定
↓
目次の作成
↓
内容の記入
↓
読みやすいように
レイアウトの調整

図Ⅲ-18　企画書作成の手順
日本商工会議所編
『日商PC検定試験2級公式テキスト
文書作成』p.16を参考に作成

② プレゼンテーションの工夫

　プレゼンテーションは，報告，説明，提案という伝えたい内容を明確に示し，相手の理解を得るためにするものである。情報を相手に伝えるには，相手に伝わる，すなわち相手が理解しやすい内容と方法で実施する。プレゼンテーションには，非言語と言語の方法があり，相手に対して，表情，ジェスチャー，言葉，文章，図表，動画等を通して，情報を伝える。紙の資料をもとにプレゼンテーションをする方法と，プレゼンテーションソフトで作成した内容をもとに，プロジェクタで映し出しながら，プレゼンテーションをする方法がある。いずれにしても，わかりやすい資料を作成し，内容に対して理解しやすい的確

なプレゼンテーションを行い，相手から納得や共感が得られ，目的が遂行できるように工夫する。

プレゼンテーション資料を作成する際には，表Ⅲ-12に示すように，次のことを意識する[18]。プレゼンテーションの対象となる人や人数，時間，知識の程度，目指す効果，適度の分量，伝達手段等を事前に確認して，内容の検討，資料作成，準備にあたる。資料は文章表現だけにかたよらず，図形なども利用して視覚的な工夫も入れる。必要以上に凝った表現にせず，わかりやすい資料にする。しかし，資料はあくまでも説明を補う手段の一つであり，言語・非言語をまじえて，伝えたい内容を明確に伝える。

表Ⅲ-12　プレゼンテーション作成の確認点

Who（誰に）	・ニーズ・関心 ・年齢・性別・役職・対象人数 ・情報の知識・理解力
What（何を）	・主題・主旨・内容
When（いつ）	・伝達日時 ・伝達時間 ・制作期間
Where（どこで）	・国内・海外・社内・社外 ・オフィス・会議室・研修所
Why（何のために）	・企画・提案・報告 ・教育・啓蒙・指示
How（どのように）	・情報の量（枚数） ・表現の演出 ・伝達メディア

出典：矢島隆＆コドス著『超図解ビジネス　伝える情報から伝わる情報へ』エクスメディア，2000，p.21の図を参考に作成

（4）情報セキュリティと個人情報保護

① 情報セキュリティ対策

情報システムを利用して，さまざまな業務処理を行っているが，リスクもある。リスク

---

[18]：矢島隆＆コドス『超図解ビジネス　伝える情報から伝わる情報へ』エクスメディア，2000，p.20-21。

には，人によるミスや不備等の過失，故意による破壊・データ改ざん・不正操作やハイテク犯罪等の人的リスクと，災害や故障等の物理的リスクがある[19]。それが発生すると，業務に支障が出たり，費用が新たに発生したり，信用が失墜したり，さらに賠償責任が発生したりすることもある。したがって，人的リスクに対しては，社員のミス防止や教育・訓練，モラルの向上，外部からの不正アクセス防止につとめる必要がある。同時に，物理的リスクに対しては，災害や故障への備えが必要である。

それらの対応をしながら，いろいろな情報を取り扱い活用する上では，情報に対するセキュリティ対策や個人情報の保護，知的財産権の理解が必要となる。直接かかわらなくても，組織の一員として慎重な対応が求められる。

② 個人情報の保護

取り扱う個人情報については個人情報保護法の知識が必要である。個人情報保護法は，個人情報の有用性に配慮しながら，個人の権利や利益を保護するため，民間の事業者の個人情報の取扱いに関して共通する必要最小限のルールを定めたものである。「個人情報」とは，生存する個人に関する情報であって，当該情報に含まれる，氏名，生年月日その他の記述等により特定の個人を識別することができるものである。

個人情報取扱事業者とは，個人情報を，紙媒体・電子媒体を問わず，データベース化してその事業活動に利用している者をいう。個人情報について，利用目的の特定，適正な取得，利用目的の通知・公表，安全な管理，従業員や委託先の監督，第三者提供の制限，保有個人データの開示，苦情の迅速な処理等の遵守が定められている[20]。あらゆる情報がデジタル化され，保存も複製も簡単にできるようになったが，個人にかかわる情報には細心の注意が必要である。個人の肖像については肖像権があり本人の了承が必要であり，肖像利用には慎重を期すべきである。

個人情報の流出は，ネットワークを介した情報のやりとり，人がかかわることからくる過失・故意によるものがある。遵守できなかった場合に罰則が課されるが，それ以上に，大切な個人情報を流出させたという組織の情報管理体制が問われ，組織に対する信頼が大きく損なわれることになる。十分なセキュリティ対策をとるとともに，情報を取り扱う一人ひとりの管理に対する意識が重要である。

19：前掲注8，p.14-16。
20：岡村久道『個人情報保護法の知識』日経文庫，2005。

第6章 慶弔・贈答

　慶弔とは，慶事と弔事のことであり，慶事は結婚などの喜びごとや祝いごと，弔事は死去や葬式などのお悔やみごとである。慶事は祝儀，弔事は不祝儀とも言う。一般に慶弔の儀式の総称として「冠婚葬祭」と言われるが，本来，「冠婚葬祭」は，元服[21]，婚礼，葬儀，祖先の祭祀の四つの儀式である。

　慶弔の際に互いに喜び，祝い，悲しみを慰め，助け合うことは，相手を思う心の表れであり，一般社会のみならず，ビジネス社会においても良好な関係を築く上で，大切な儀礼として存在する。慶弔の儀式には，しきたりや決まり事がある。慶事は，事前に案内があるので，しきたりや決まり事を調べて儀式に臨むことができるが，弔事は突然起こることなので，それらを調べるなどの事前の準備ができない。しきたりや決まり事の知識がないための無作法で，相手を不快にさせることがないようにしなければならない。会社の関係で慶弔の儀式に臨んだ際の社員の不作法によって，会社が恥をかくことのないように日頃からしきたりや決まり事などを学び心得ておきたい。

　慶弔に関連するものとしては，見舞いや中元・歳暮などの贈答がある。

1．慶弔の知識

（1）慶事の種類

① 一般の慶事
　結婚，出産，入学，卒業，成人，就職，新築，賀寿など

21：元服は男子の成人式。頭に冠を加える儀で，元は首，服は冠をさす。我が国の先史時代においても成人式としての習俗は存在したとみられるが，冠礼としての成人式は，天武天皇11（682）年に規定された男子の結髪加冠の制以後である。中世武家社会の元服では，烏帽子を着ける。国史大辞典編集委員会編『国史大辞典』，吉川弘文館，1985。

② 企業などの慶事
創立・設立・周年記念，竣工・落成，就任・退任・昇進・栄転，受賞（章）・表彰など

（2）弔事の種類
通夜，葬儀，告別式，社葬，法要など

（3）慶弔業務

① 情報収集
慶弔に関する情報は，社内外の人や新聞記事などから入手することができる。日ごろから周囲の人との良好な関係を築いておくことや，新聞の慶弔記事を毎朝チェックするなど慶弔に関するニュースに注意を払うことが大切である。情報を入手したら，正確に詳細を確認し上司に報告して，指示に従う。必要があれば，関連部署へも連絡する。訃報を受けた場合は，①逝去の日時と原因，②喪主の氏名と故人との関係，③通夜・葬儀・告別式の日時と場所，④葬儀の形式などを確認する。

② 慶弔電報
慶弔電報を打つ場合は，電話（局番なし115）かインターネットで申し込むが，事前に電文を作成し，受信者の氏名（弔事の場合は喪主や葬儀委員長の氏名），会場，住所など必要事項を調べておく。電文は先例や例文などを参考にして作成するとよい。慶事の場合はあらかじめ案内があるので，事前に準備し配達日指定を利用すると便利である。電報には，さまざまな台紙があるので，先例や慶弔規程[22]などを参考にして選ぶ。

a．祝電の例（就任）

「社長ご就任おめでとうございます。ご健康に留意の上，今後ますますご活躍なさいますことを祈念いたします」（NTT例文参照）

b．弔電の例

「ご尊父様のご逝去の報に接し，謹んでお悔やみ申しあげますとともに，心からご冥福

---

[22]：「規程」は，規則全体をひとまとまりとしてさす。「規定」は，一つひとつの条文をさす。『大辞林 第三版』（三省堂，2006）による。

をお祈りいたします」（NTT 文例 7522）

「ご母堂様のご逝去の報に接し，謹んで哀悼の意を表しますとともに，衷心よりご冥福をお祈り申し上げます」（NTT 例文参照）

③ 金品の準備

　金品は，相手や目的を考慮し，先例や慶弔規程を参考にして，上司に確認した上で手配する。次回の参考になるように，金額や品物を記録しておく。慶事で，お祝いの金品を直接届ける場合は，事前にアポイントメントをとって，できれば吉日の午前中に届ける。お祝や香典など現金を郵送する場合は，金封に入れて現金書留で送るが，この場合は，金封だけではなく祝意や弔意の書状を同封するのが望ましい。弔事で供花や供物を辞退された場合は，遺族の意思を尊重する。

（4）慶事の心得

① 栄典

　栄典とは，国家または公共に対し功労のあった人，社会の各分野で優れた行いをした人を国が表彰し，与えるもので，勲章及び褒章がある。生存者に対する叙勲と褒章は年 2 回，春は 4 月 29 日，秋は 11 月 3 日に春秋叙勲及び褒章が授与される。

a．勲章（叙勲）

　明治時代初期に制定された制度で，大勲位菊花章頸飾（だいくんいきっかしょうけいしょく），大勲位菊花大綬章（だいくんいきっかだいじゅしょう），桐花大綬章（とうかだいじゅしょう），旭日章（きょくじつしょう），瑞宝章（ずいほうしょう），宝冠章（ほうかんしょう）がある。旭日章と瑞宝章はそれぞれ大綬章，重光章，中綬章，小綬章，双光章，単光章がある。宝冠章は，外国人に対する儀礼叙勲等特別な場合女性のみに授与される。他に，わが国の文化の発達に顕著な功績のある者に対して授与される文化勲章がある。

b．褒章（ほうしょう）

　褒章には，紅綬褒章（こうじゅほうしょう），緑綬褒章（りょくじゅほうしょう），黄綬褒章（おうじゅほうしょう），紫綬褒章（しじゅほうしょう），藍綬褒章（らんじゅほうしょう），紺綬褒章（こんじゅほうしょう）がある。

② 賀寿

　賀寿とは，長寿の祝いであり，それぞれ呼び名には表Ⅲ－13 のような由来がある。

表Ⅲ-13　賀寿の呼び名と由来

名称	呼び名	年齢	由来
還暦	かんれき	満60歳	干支が一巡し，満60歳で生まれた年の干支に戻ることから
古希(古稀)	こき	70歳	中国の詩人杜甫の曲江詩「人生七十古来稀なり」から
喜寿	きじゅ	77歳	喜の字の草書体「㐂」が七十七と読めることから
傘寿	さんじゅ	80歳	傘の字の略字「仐」が八十と読めることから
米寿	べいじゅ	88歳	米の字を分解すると八十八になることから
卒寿	そつじゅ	90歳	卒の字の略字「卆」が九十と読めることから
白寿	はくじゅ	99歳	百の字から，「一」取ると「白」になることから

（5）弔事の心得

① 通夜

　通夜とは，家族や親しい人などが一晩，故人との別れを惜しむことである。現在は午後6時か7時ごろから時間を限って行われるので，できるだけその時間に参列し遺族の疲労などに配慮して，長居しないようにする。参列する際の服装は，喪服を着用する人が多いが，平服で参列する場合は，男性はネクタイを黒か地味なものにする。女性は，地味な服装を心がけアクセサリーは外し，化粧も控えめにする。告別式に参列しない場合，香典は通夜に持参する。

② 葬儀・告別式

　葬儀は，死者を葬る儀式であり，告別式は故人に別れを告げる儀式である。最近では，同時に行われることが多い。葬儀に参列するときは，男性は，喪服またはダークスーツを着用し，ネクタイ，靴，靴下は黒にする。女性は，喪服を着用しバック，靴，ストッキングは黒に統一する。アクセサリーは，結婚指輪と一連の真珠のネックレス以外は控える。通夜や葬儀に参列した際は，受付で「このたびは，ご愁傷様です」などと挨拶し，「ご霊前にお供えください」と言葉を添えて香典の正面を相手側に向け両手で差し出し，芳名録に住所と氏名を記帳する。上司の代理で参列した場合は，上司の氏名を記帳し，その下に(代)と書く。会場では取引先の人などと出会っても，目礼ぐらいに留める。告別式終了後は，可能であれば出棺まで見送った方がよいが，時間がない場合は告別式が終わった時点で帰

図Ⅲ-20　霊前でのマナー

ってもかまわない。

③ 法要

　法要とは，故人の冥福を祈る儀式である。仏式では，四十九日まで七日ごとに法要を行う。年忌には，一周忌（1年後），三回忌（2年後）などがある。法要に持参する御仏前には，黒白，黒銀の水引の不祝儀袋を使用する。神式では霊祭，キリスト教式のカトリックでは追悼ミサ，プロテスタントでは記念祭がある。

④ 霊前でのマナー

　霊前でのマナーは，葬儀の形式によってそれぞれ違う。仏式では焼香，神式では玉串奉奠（たまぐしほうてん），キリスト教式では献花をして故人の冥福を祈る（図Ⅲ-20）。

表Ⅲ-14　弔事にまつわる用語

用語	意味
訃報	死去の知らせ
会葬	葬儀に参列すること
喪主	葬儀を執り行う人
社葬	会社に多大な貢献をした人を対象として，会社が執り行う葬儀
享年	この世に生きていた年数。死んだときの年齢のこと
弔問	遺族を訪問し，お悔やみを述べること
弔辞	葬儀の際に述べる故人への別れの言葉
喪中	喪に服している期間のこと

（6）慶弔行事に必要な知識

慶弔行事の際には，日柄も念頭に置いた方がよい。

表Ⅲ-15　六曜（ろくよう・りくよう）

呼び名	読み方	言い伝え
先勝	せんしょう・せんかち さきがち	午前は吉，午後は凶とされる日 急いでことを行うと吉
友引	ともびき	朝晩は吉，正午は凶。勝負なしの日 俗信で友を引くとして，この日は葬儀を避ける
先負	せんぷ・さきまけ	午前は凶，午後は吉とされる日
仏滅	ぶつめつ	万事において凶とされる日
大安	たいあん・だいあん	終日万事において吉とされる日
赤口	しゃっく・しゃっこう	大凶の日。正午は吉とされる

2．贈答の知識

　贈答は，相手への心遣いを形として表すものである。一般的なものとしては，日頃お世話になっている感謝の気持ちを表す中元・歳暮がある。贈答は，ビジネスに直結するものではないが，折に触れ心のこもった贈り物をすることで，相手先と良好な関係を築いていく。

（1）贈答の時期

　中元は一般的には7月15日（中元ごろ）までに贈るが，贈る時期は地域によって多少違いがある。贈る時期を逸した場合は，立秋（8月8日ごろ）までは，「暑中御見舞」として贈り，立秋を過ぎたら処暑（8月23日ごろ）までは，「残暑御見舞」とする。
　歳暮は，12月初旬から20日ごろまでとされているが，時期を逸して，年が明けて「御年賀」として贈る場合は，松の内（一般的には1月6日ごろ）までとする。

（2）贈答品の贈り方

　贈り物は，本来持参するものであるが，配送する場合は，品物に挨拶状を添えるか，挨拶状が品物より先に届くように別便で出してお礼やお祝いなどの気持ちを伝える。中元・歳暮は日頃の感謝の気持ちを表すという意味合いから，相手先が喪中の場合も贈る。贈り物を頂いた場合には，できるだけ早く電話や書状でお礼を伝える。

（3）祝儀袋・不祝儀袋

　慶事に現金を贈るときに用いる包みが祝儀袋であり，弔事に用いる包みが不祝儀袋である。紙幣は，中包みをして二重に包むのが一般的である。祝儀袋・不祝儀袋の外包みの折り方は，図Ⅲ-21のようになるので，注意する。祝儀袋には，相手の慶事を祝う心から，相手のために用意したという意味合いで，新札を入れる。香典の場合は，相手の死去を予

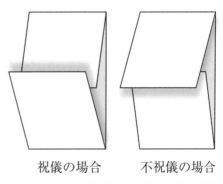

祝儀の場合　　不祝儀の場合

図Ⅲ-21　祝儀袋・不祝儀袋の折り方

測し事前に用意していたととられないように，新札は使用しないが，できるだけ綺麗な紙幣にする配慮は必要である。新札に折り目をつけ，使用するという方法もある。

（4）水引と熨斗（のし）

　水引とは，こよりに糊をひいて乾かし固めたもので，贈り物の包み紙などを結ぶのに用いられる。慶事や贈り物には，紅白・金銀などを用い，弔事には，黒白・黒銀などを用いる。繰り返しあって欲しいお祝い全般には蝶結びを，結婚祝いや弔事などでは，一度きりであって欲しいと願う意味から，結び切りを使う。あわび結びは，結び切りの変形である。
　熨斗は，「伸ばす」につながり，相手方の繁栄を祈る意味を持つ。昔は贈り物には，酒肴といわれる生ものを添えて贈った。この習慣が略され，アワビを伸ばして乾かした，のし鮑となったのが，現在の熨斗の原型であると言われている。熨斗は生ものを贈る場合や弔事には使わない。品物を贈るときには，かけ紙（上包みの紙）をかけ，水引を結んで熨斗をつけるが，現在では，印刷したのし紙をかけ包装することが多い。

図Ⅲ-22　水引の結び方

（5）表書き

　表書き（上書き）は，筆書きが基本であるが，筆ペンで書いてもよい。慶事には，濃い墨で，弔事には薄墨で，目的に沿った表書きを，楷書で丁寧に書く。会社名・氏名は，表書きより小さめの文字にする。連名の場合は，右から順に目上の人から書く。左上に宛名を書いた場合は，逆に左から順に書く。連名で書くのは3名までとし，それより多人数の場合は

表Ⅲ-16　用途と表書き

	用途	表書き
慶事	新築・開店・栄転・就任など慶事一般	御祝
	結婚・賀寿・出産などの祝い	御祝，寿
	慶事での心付け	御祝儀
弔事	仏式	御香典，御香料，御霊前
	神式	御玉串料，御榊料，御神前，御霊前
	キリスト教式	御花料，御霊前
	法要	御仏前，御供物料
見舞	病気・けがの見舞い	御見舞，祈御全快
	災害見舞い	御見舞，
その他	お礼（寸志は目下の人へ使用する）	御礼，薄謝，謝礼，寸志
	慶事のお返し	内祝
	病気見舞いのお返し	内祝，快気祝
	弔事のお返し	志，忌明，満中陰志
	転勤，退職の送別	御餞別
	訪問時の手土産	粗品
	葬儀や法要でのお寺や僧侶へのお礼	御布施

代表者の氏名を書いて,「外一同」とし別紙に全員の氏名を書いて同封する。中包みに住所・氏名・金額を書いておく。

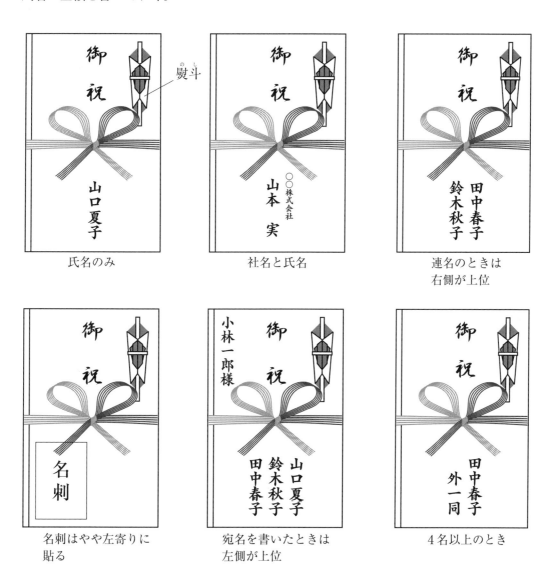

図Ⅲ-23　表書きの書き方

（6）袱紗

袱紗とは金封や贈り物をほこりから守るために包む方形の布で，袱紗に包んで持参するのは，相手に渡すものが汚れないようにする心遣いである。渡す場合は，袱紗を外し，相手に正面を向けて両手で差し出す。紫色の袱紗は慶弔どちらにも使用できる。

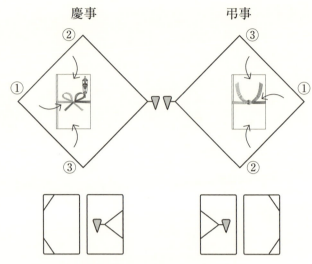

図Ⅲ-24　袱紗のたたみ方

（7）見舞い

① 病気見舞い

病気見舞いで訪問する場合は，相手の病状に配慮して時期を決め，病院で決められている面会時間を守る。お見舞いに，現金を贈る場合は，熨斗のない紅白の水引の袋または白封筒を用いる。見舞いに花を贈る場合は，鉢植えは「根付く」が「寝付く」と音が似ていることから，好まれない。また，ユリなどの香りの強い花や椿など花の付け根からポトリと落ちる花（首が落ちるを連想），死・苦を連想するシクラメン，血を連想する赤い花，葬儀によく使用される菊なども避けた方がよい。花の持ち込みを禁止している病院もあるので，花を贈る場合は事前に確認する。

② 災害見舞い

災害の場合は，被害状況を確認し，近ければ直接見舞いに行き，遠方の場合は，必要なものを確かめ現金や見舞いの品物を贈る。現金を贈る場合は，白い封筒を用いる。

③ 陣中見舞い

陣中見舞いは，激励する気持ちを表すものである。現金を贈る場合は，蝶結びの祝儀袋を用いる。

災害見舞いや陣中見舞いの返礼は不要だが，病気見舞いには，「快気祝」，「内祝」として返礼する。

3．国際儀礼（プロトコール）

　プロトコールとは，国際間のエチケットのことで，特に国家間の儀礼上のルールを指し，国際的な交際において潤滑油となるものである。グローバル化した現代のビジネス界においては，仕事を円滑に行うためにプロトコールを心得ておくことは大切である。国際間でビジネスを行う場合は，互いに歴史や文化，言語などの違いがあることを理解し，そこに誤解や不信が生じないように注意しなければならない。エチケットの基本は，①人に好感を与えること，②人に迷惑をかけないこと，③人を尊敬することで，相手を尊重する考え方である。この考え方は，無用の誤解や不信を避け，真の相互理解の促進に役立つものである。

（1）プロトコールの基本

a．上位席（上座）
　原則として右（向かって左）が上位とされている。
b．国旗の掲揚
　国旗は国の象徴であり，国旗には敬意を払うことが大切である。外国国旗を掲揚する場合は，必ず自国の国旗も掲揚する。2か国の国旗を掲揚する場合は，外国に敬意を表する意味において，右上位の原則から向かって左側（上位）に外国国旗を掲揚する。ただし，国によっては，自国の旗を向って左に掲揚する国もある。3か国の国旗を掲揚する場合は，自国の国旗を中央にし，アルファベット順の先の国旗を向って左側，もう一方を向って右側に掲揚する。4か国以上の場合は，国連方式にならって向って左からアルファベット順に掲揚する方法が一般的である。

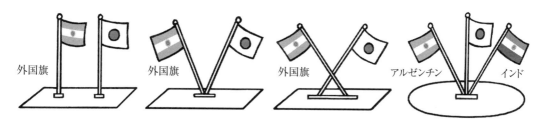

図Ⅲ-25　国旗の掲揚のしかた

出典：『国際儀礼に関する12章（改訂版）　プロトコール早わかり』外務省外務報道官編集，1992

＊卓上旗の場合

会議や会食などで卓上旗を用いる場合は，相手国の国旗が賓客から見て左側にくるように置く。国旗を交差させる場合は，相手国を前にして交差させる。

外国旗

（2）パーティー

社交のために飲食を共にするのがパーティーであり，目的に沿った形式で行われる。パーティーに招待されたら，遅刻をしないことが基本であるが，準備の都合もあるので早すぎるのも良くない。招待状に服装を指定されていたら，それに従う。パーティーには，以下のような形式がある。

■パーティーの形式

a．ディナー・パーティ（晩餐会・夕食会）

　最も格式の高いパーティーであり，着席でフルコースが出される。

b．ランチ・パーティ（午餐会）

　昼食の時間に開催され，着席でコース料理が出される。

c．カクテル・パーティ

　夕刻から始まり1〜2時間程度で行われる，飲み物が主体の立食形式のパーティー。

d．ビュッフェ・パーティ

　大きなテーブルに並べられた料理を，自由にとりわけて食べる立食形式のパーティ。

（3）ドレスコード

　ドレスコードとは，服装規定のことである。招待状に「ブラックタイでお越しください」などと指定がある場合は，その指定に従わなければならない。「平服でお越しください」とある場合は，正装でなくてもよいという意味であり，普段着でという意味ではない。女性は，ワンピースかスーツを着用する。正装について，外務省は，ホームページで表Ⅲ-17のように紹介している。

表Ⅲ-17　服装の目安

	男性	女性
〈夜・正礼装〉	ホワイト・タイ （燕尾服）	ロングイブニング・ドレス （ヒール又はトレーン丈（引き裾））
〈夜・準礼装〉	ブラック・タイ （タキシード）	セミイブニング・ドレス 又はディナー・ドレス （くるぶし丈又はヒール丈が正式。最近ではショート丈も可）
〈昼・正礼装〉	モーニング・コート	アフタヌーン・ドレス
〈昼／夜・略(礼)装〉	平服 （ダークスーツ，ラウンジ・スーツ）	平服 （ワンピース／スーツ等）

出典：外務省「グローカル外交ネット　海外のお客様を迎えるために」
http://www.mofa.go.jp/mofaj/gaiko/local/inspection/protocol.html

第7章 企業環境の変化と自己啓発

1. 企業環境の変化

　日本の雇用形態等は大きく変化してきた。経営環境の変化により，希望退職者を募る，非正規社員の雇用を増やすなどしてきた。近頃，正規社員採用に戻す企業も出てきたが，多くはない。また，確保できない人材を補うため，外国人労働者を雇用したり，技術継承の意味も含めて定年後の再雇用も行われている。そして，将来の労働力不足に鑑み，女性労働力の活用も求められている。

　このような中，職場活性化，従業員の職業生活設計の支援等を目的として，キャリアコンサルティングを行う企業も出てきた。

2. 企業の能力開発

　企業の能力開発形態は，大きくOJT（On the Job Training），OFF－JT（Off the Job Training），自己啓発である。OJTは，現場で実際に業務に就きながら行われる教育訓練のことで，上司や先輩が必要な知識やスキルを計画的に部下に指導する。

　OFF－JTとは，業務命令に基づき，通常の仕事から一時的に離れて行う教育訓練（研修）のことである。例えば，新入社員教育のように，従業員を1か所に集合させて実施するもの，民間の教育訓練機関などが行う研修に参加させるものなどがある。

　自己啓発は，従業員が仕事に必要な知識・技能等を身に付けるため，あるいはキャリアアップ等に備え，自発的に職業能力を開発し向上させる取り組みのことである。（職業に関係ない趣味や娯楽等は含まない。）

　現在，企業の能力開発は企業主体で行われており，この三つの形態のうち，多くの企業がOJTを重要視している。また，自己啓発に対しては，金銭的援助を行っている企業が多く，就業時間の配慮など時間的支援は少ない。

3．労働者個人と自己啓発

　労働者への調査によると，自己啓発の実施方法は，「ラジオ，テレビ，専門書，インターネットなどによる自学，自習」が最も多く，社内・外のセミナーの参加，通信教育の受講などである。

　また，自己啓発を行った理由は，「現在の仕事に必要な知識・能力を身につけるため」が非常に多く，次に「将来の仕事やキャリアアップに備えて」等，将来の職業生活を見据えた内容となっている。そして，ほとんどの労働者が，自己啓発は「（どちらかというと）役に立った」と，行った自己啓発に関して成果を認めている。

4．能力開発と問題点

　企業は，能力開発や人材育成の問題点の一つは，「人材育成を行う時間がない」としている。OJTを重視していること，また，自己啓発への支援内容が金銭的な支援が多く，「就業時間の配慮」など時間的支援が少ないことからも窺い知ることができる。

　一方，労働者も，「仕事が忙しくて自己啓発の余裕がない」「家事・育児が忙しくて自己啓発の余裕がない」という問題点をあげている。これには，精神的な面とともに，時間的な面が含まれていると思われる。

　このように，企業・労働者双方に取って，「時間がない」というのは能力開発・人材育成における問題点の一つである。

5．自己啓発の意義

　この問題点を解決する一つの方法が，自己啓発と考えることができる。労働者は，仕事，家事・育児のため自己啓発の余裕がないとしながらも，この問題の解決策として，比較的時間の融通が利く「ラジオ，テレビ，専門書，インターネットなどによる自学，自習」「通信教育の受講」を選択していると考えられる。

　また，企業は，労働者へのキャリア・コンサルティングの面から自己啓発を促しており，企業・労働者双方に取って，実施方法によっては時間的融通の利く自己啓発は，能力開発

手段としての意義があるといえる。

6．キャリア形成にかかわる自己啓発

　平成22年，大学設置基準及び短期大学設置基準が改正された。すべての大学・短期大学において，社会的・職業的自立に向けた指導等に取り組むための体制が位置づけられ，平成23年から施行されている。

　また，中央教育審議会は，「今後の学校におけるキャリア教育・職業教育の在り方について（答申）」[23]（以下，答申という）を出している。そこでは，社会的・職業的自立，学校から社会・職業への円滑な移行に必要な力の要素5項目が明示され，キャリア形成は一生続くものとして，発達段階に応じた体系的なキャリア教育の方策が示された。

　このような改正や答申が行われたのは，一つには，職業とのミスマッチや人間関係のつまずきが原因と思われる早期離職者や，ニートなどの若年無業者など，社会や職業へ円滑に移行できない学生が多く存在することである。また，職業の多様化，求められる知識や技能の高度化，求められる即戦力となるような人材，非正規雇用の増加等により企業の人材育成の方法も変化しているからである。

　これらを背景に，学校教育においても，高等教育機関における実践的な職業教育の充実，基礎的・基本的そして専門的な知識・技能とともに，「社会的・職業的自立に向けて必要な基盤となる能力（＝基礎的・汎用的能力）や態度」[24]の育成が重要であり，それを通してキャリア発達を促す教育が，キャリア教育と定義された[25]。

　学生が，間近にある（新卒の）就職・職業選択に関心が向くのは当然のことである。職業と関連の強い専門分野を専攻している学生は，それに沿った将来の職業選択をもとに，勉学や資格取得等の自己啓発に励むだろう。職業との結びつきが強くはない専門分野を専攻している学生は，職業を模索し選択するための自己啓発に力を入れるかもしれない。しかし，専門的な知識・技能だけでなく，基礎的・汎用的能力を育てる自己啓発も考えてよいのではないだろうか。

　この答申の高等教育におけるキャリア教育の推進方策の中では，教育方法として，また体験的な学習活動として，インターンシップや課題対応型学習の効果的活用をあげている。

23：「今後の学校におけるキャリア教育・職業教育の在り方について（答申）」平成23年1月31日　中央教育審議会。
24：同23　p.29。
25：同23　p.16。

第7章　企業環境の変化と自己啓発 | 177

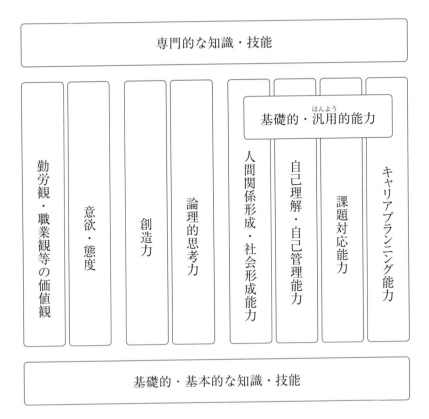

図Ⅲ-26　「社会的・職業的自立，社会・職業への円滑な移行に必要な力」の要素

中央教育審議会「今後の学校におけるキャリア教育・職業教育の在り方について（答申）」p.27

このインターンシップや課題対応型学習は，すでに教育課程に組み込まれたり，授業に取り入れられている。

しかし，教育課程には組み込まれていない，例えばキャリア支援部門主催のインターンシップもある。また，地域の活動・イベントへの参加，身近なところでは，学園祭等の企画・運営などは，課題対応型学習の良き実践の場である。

キャリア形成は一生続くものである。社会人がキャリア形成に関連する目的を持って自己啓発をしていることは前に述べた。しかし，前述のように，能力開発・人材育成の問題点が「時間がない」ことを考えると，社会人と比べて自由になる時間が多い学生時代は，貴重な能力開発，自己啓発の時間といえる。この貴重な時間に，キャリア形成という視点に立った自己啓発，社会的・職業的自立に向けて必要な，課題対応能力や人間関係形成能力等を含んだ基礎的・汎用的能力や態度の育成を考えた自己啓発に目を向けることも，社会人としてのキャリア形成につながると思われる。

参 考 文 献
(著者名の五十音順)

- 青塚純子『フレッシュマン・OL必携　ビジネス／マナー＆エチケット』一橋出版，1990
- 安倍勲『プロトコール入門』学生社，2003
- 天野恒男・伊東倫男編著『ビジネス文書』建帛社，1994
- 池内健治編著『ビジネスと情報』実教出版，2002
- 石井典子・三村善美『改訂版　ビジネス文書実務』早稲田教育出版，2012
- 石田淳『行動科学を使ってできる人が育つ！教える技術』かんき出版，2011
- 井上昭正『人材力強化の研修戦略』税務経理協会，2003
- 井上洋子『実社会で求められるビジネスマナー』専門教育出版，1993
- 井原伸允ほか『セクレタリアルマナー　3版』協同出版，1992
- 岩瀬大輔『入社1年目の教科書』ダイヤモンド社，2011
- ウイネットビジネスマナー研究会『実践ビジネスマナー』ウイネット，2000
- 梅島みよ『社員教育・研修のノウハウ』日本実業出版社，1993
- Ａ．マレービアン，西田司・津田幸男・岡村輝人・山口常夫共訳『非言語コミュニケーション』聖文社，1986
- NTT西日本『ハローページ長崎県長崎版　2014.5～2015.4』
- 大西正和・和田弘名編著『現代の情報管理　インターネット時代のビジネス科学』建帛社，2000
- 小笠原敬承斎『イラストでわかる　礼儀作法基本テキスト』日本能率協会マネジメントセンター，2013
- 大橋禅太朗『すごい会議—短時間で会社が劇的に変わる！』大和書房，2005
- 小笠原敬承斎『小笠原流礼法入門　見てまなぶ　日本人のふるまい』淡交社，2012
- 岡村製作所，オフィス研究所，池田晃一『はたらく場所が人をつなぐ』日経ＢＰ社，2011
- 岡村久道『個人情報保護法の知識』日経文庫，2005
- オフィスユースウェア・マネジメント研究会『いい会社はオフィスが違う』NTT出版，2012
- 小山田了三『情報史・情報学』東京電機大学出版局，1993
- 外務省外務報道官編集『国際儀礼に関する12章（改訂版）プロトコール早わかり』世界の動き社，1992
- 川上義明編著『現代中小企業経営論』税務経理協会，2006
- 河田美恵子『実践ビジネス実務　第2版』学文社，2011
- 菊地康人『敬語再入門』（丸善ライブラリー205），丸善，1996
- 木村三千世・森山廣美・田中雅子・土井茂桂子・野坂裕子・東野國子『オフィス実務』学文社，2006
- 桑畑幸博『日本で一番使える会議ファシリテーションの本』大和出版，2013
- 国史大辞典編集委員会編『国史大辞典』吉川弘文館，1985

- 酒井美意子監修『すぐに役立つ冠婚葬祭心得集』家の光協会，1994
- 佐々木玲子監修『事例に学ぶ事務・文書』東京法令出版，2005
- 佐々木怜子編著『ビジネスマナーと実務』東京法令出版，2005
- 実務技能検定協会編『文部省認定秘書検定試験完全独習3級基礎篇』早稲田教育出版，1986
- 実務技能検定協会編『秘書検定集中講義1級』早稲田教育出版，2011
- 実務技能検定協会編『秘書検定集中講義2級 改訂版』早稲田教育出版，2012
- 実務技能検定協会編『新秘書特講』早稲田教育出版，2014
- 城下直之『文書管理・記録管理入門―ファイリングからISOマネジメントまで』日外選書，2008
- 全国大学実務教育協会『ビジネス実務総論―付加価値創造のための基礎実務論 改訂版』紀伊國屋書店，2012
- 全国大学実務教育協会編集『新しい時代の秘書ビジネス実務』紀伊國屋書店，2009
- 全国大学実務教育協会編『「上級ビジネス実務士」対応 接客のプロを目指す人のための サービス実務入門』日経BP社，2013
- 全国大学・短期大学実務教育協会『秘書実務』紀伊國屋書店，1988
- 全国短期大学秘書教育協会編『秘書学概論』紀伊國屋書店，1988
- 髙橋誠『会議の進め方』日本経済新聞出版社，2008
- 高橋眞知子，北垣日出子編著『秘書概論―これからの企業秘書・国際秘書へ向けて―』樹村房，2012
- 高橋光男・中佐古勇・森貞俊二・吉田寛治『入門 事務・文書管理』嵯峨野書院，1996
- 高橋光男・中佐古勇・森貞俊二・吉田寛治『入門 事務・文書管理 第3版』嵯峨野書院，2009
- 田中篤子『新版秘書の理論と実践』法律文化社，1989
- 田中篤子編『秘書学概論』嵯峨野書院，1985
- 田中篤子編『改訂新版 秘書実務 実習マニュアル』嵯峨野書院，1989
- 近喰晴子・三村善美・工藤のぶ・渡辺雅子・小松由美『「新生活教養」社会人としての基本マナー』建帛社，2008
- 鶴蒔靖夫『オフィス環境革命 パーティションでビジネスに進化を』IN通信社，2012
- 徳江順一郎『ホスピタリティ・マネジメント』同文社出版，2012
- 友田二郎（宮内庁前式武部官外務省研修所前講師）『国際儀礼とエチケット』2001
- 中川越『こまったときの手紙・はがき・文書の書き方』ナツメ社，2005
- 永崎一則『インストラクターをめざす人のためのコミュニケート能力の学び方教え方』早稲田教育出版，2011
- 中村健壽編著『ワークで学ぶビジネスマナー』西文社 2006
- 中村健壽監修『現代医療秘書 役割と実務』西文社 2008
- 日経ビジネスアソシエ特別編集『日経BPムック ビジネス基礎力の教科書』日経BP社，2013
- NKKEIプラス1「この言葉よろしかったでしょうか」日本経済新聞社，2003
- 日本コンサルタントグループ『新入社員教育導入研修実務マニュアル』日本コンサルタントグループ，1995
- 日本商工会議所『日商PC検定試験2級公式テキスト 文書作成』FOM出版，2006

- 日本能率協会マネジメントセンター『ビジネス能力検定3級公式テキスト』2012
- 日本秘書教育学会編『ビジネス実務教育ワーク指導の実践事例40』西文社，2007
- 日本マナー・プロトコール協会『改定版「さすが！」といわせる大人のマナー講座』ＰＨＰ研究所，2012
- 日本レコードマネージメント株式会社『記録情報管理者検定標準テキスト』日本記録情報管理振興協会，2009
- 野村総合研究所『ビッグデータ革命』アスキー・メディアワークス，2012
- 服部勝人『ホスピタリティ・マネジメント入門　第2版』丸善出版株式会社，2008
- 林伸二「第一印象の形成」『青山経営論集』vol.40，no.4，2006，51-78
- 福永弘之編著『ビジネス実務総論』樹村房，1999
- 福永弘之編著『ビジネス実務演習』樹村房，1999
- 藤村やよい「秘書と信頼関係の大切さ」『秘書』No.446，2011，日本秘書協会，pp.16-17
- 藤村やよい「接遇教育の実践的教授法―「起業方式」の開発と評価」日本ビジネス実務学会ビジネス実務論集第23号，2005
- 藤村やよい「接遇教育におけるビジネス実務実習室のレイアウトが及ぼす効果―仮想オフィス「一の字型」と「Ｌ字型」の比較―」日本ビジネス実務学会ビジネス実務論集第25号，2007
- 増田卓司ほか『ビジネスパーソンのためのビジネス実務の基礎』学文社，2003
- 松田存ほか『日本語表現　3版』専門教育出版，1990
- 三沢仁・森脇道子『新訂　秘書実務　改訂版』早稲田教育出版，1989
- 水原道子編著『ビジネスとオフィスワーク　実務　演習』樹村房，2005
- 水原道子編著『ビジネス実務総論―企業と働き方』樹村房，2011
- 水原道子編著『ビジネスとオフィスワーク』樹村房，2012
- 宮部頼子『図書館サービス概論』樹村房，2012
- 森脇道子編著『秘書実務』建帛社，1986
- 森脇道子編著『ビジネス実務』建帛社，1998
- 森脇道子編著『新版秘書実務』建帛社，1995
- 森脇道子編著『新版秘書概論』建帛社，1998
- 森脇道子監修，藤原由美編著『新秘書実務』早稲田教育出版，2014
- 矢島隆＆コドス『超図解ビジネス　伝える情報から伝わる情報へ』エクスメディア，2000
- 吉田寛治編『ビジネスワークの基礎』嵯峨野出版，1998
- 吉田典史『すぐに使えるビジネス文書　文例400』成美堂出版，2006
- 『広辞苑　第六版』岩波書店，2008
- 『大辞泉　第一版』小学館，1995
- 『大辞林　第三版』三省堂，2006

- 『言葉に関する問答集　―敬語編―』（新「ことば」シリーズ2）文化庁，1995
- 『言葉に関する問答集　―敬語編（2）―』（新「ことば」シリーズ4）文化庁，1996
- 『言葉に関する問答集　―言葉の使い分け―』（新「ことば」シリーズ12）国立国語研究所，2000

- 『言葉に関する問答集 —よくある「ことば」の質問—』（新「ことば」シリーズ 14）国立国語研究所，2001
- 『言葉の「正しさ」とは何か』（新「ことば」シリーズ 17）国立国語研究所，2004
- 『伝え合いの言葉』（新「ことば」シリーズ 18）国立国語研究所，2005
- 『私たちと敬語』（新「ことば」シリーズ 21）国立国語研究所，2008

- 第 22 期国語審議会答申「現代社会における敬意表現」文化庁，2000
    http://www.bunka.go.jp/kokugo_nihongo/joho/kakuki/22/tosin02/index.html
    http://www.bunka.go.jp/kokugo_nihongo/joho/kakuki/22/tosin02/01 〜 23.html
- 文化審議会答申「敬語の指針」文化庁，2007.2
    http://www.bunka.go.jp/kokugo_nihongo/bunkasingi/pdf/keigo_tousin.pdf
- 「グローカル外交ネット　海外のお客様を迎えるために」外務省
    http://www.mofa.go.jp/mofaj/gaiko/local/inspection/protocol.html
- 「敬語おもしろ相談室　新社会人のための使い方指南」文化庁
    http://www.bunka.go.jp/kokugo_nihongo/keigo/chapter1 〜 7/detail.html
- 「今後の学校におけるキャリア教育・職業教育の在り方について（答申）」中央教育審議会，文部科学省，2011.1
    http://www.mext.go.jp/component/b_menu/shingi/toushin/__icsFiles/afieldfile/2011/02/01/1301878_1_1.pdf
- 「日本の叙勲・褒章」内閣府
    http://www8.cao.go.jp/shokun/index.html
- 「働き方と職業能力・キャリア形成—『第 2 回働くことと学ぶことについての調査』結果より—」『労働政策研究報告書　No.152』独立行政法人労働政策研究・研修機構，2013.3
    http://www.jil.go.jp/institute/reports/2013/documents/0152.pdf
- 「平成 16 年度「国語に関する世論調査」の結果について」文化庁，2005.2
    http://www.bunka.go.jp/kokugo_nihongo/yoronchousa/h16/kekka.html
- 「平成 24 年度就業構造基本調査」総務省統計局，2013.7
    http://www.stat.go.jp/data/shugyou/2012/pdf/kgaiyou.pdf
- 「平成 24 年度情報通信白書」総務省
    http://www.soumu.go.jp/johotsusintokei/whitepaper/ja/h24/pdf/24honpen.pdf
- 「平成 25 年度能力開発基本調査」厚生労働省職業能力開発局，2014.3
    http://www.mhlw.go.jp/toukei/list/dl/104-25b.pdf
- 「平成 26 年度能力開発基本調査」厚生労働省職業能力開発局，2015.3
    http://www.mhlw.go.jp/toukei/list/dl/104-26b.pdf

＊ウェブサイトのＵＲＬはすべて 2015 年 7 月に確認しています。

[執筆者一覧]

編著者
藤村やよい　　久留米信愛短期大学客員教授（前ビジネスキャリア学科教授・就職部長），
　　　　　　　久留米大学・筑紫女学園大学非常勤講師，
　　　　　　　一般社団法人日本秘書協会理事，日本国際秘書学会常任理事・副会長，
　　　　　　　秘書の会「福岡女性秘書研究会」代表
　　　　　　　2008年日本秘書協会賞受賞
　　　　　　　秘書・社員研修や接遇研修の講師，電話応対コンクールの審査員など
　　　　　　　主著：
　　　　　　　『ビジネスパーソンのためのビジネス実務の基礎』（共著）学文社，
　　　　　　　『現代中小企業経営論』（共著）税務経理協会，
　　　　　　　『ビジネス実務教育のワーク指導の実践事例40』（共著）西文社，
　　　　　　　『秘書概論―これからの企業秘書・国際秘書へ向けて―』（共著）樹村房，ほか
　　　　　　　担当：第Ⅰ部，第Ⅱ部第3章

著者（五十音順）
有馬　恵子　　鹿児島女子短期大学教養学科教授
　　　　　　　担当：第Ⅱ部第5章，第Ⅲ部第1章，第3章
江頭万里子　　長崎女子短期大学生活創造学科特別専任講師
　　　　　　　担当：第Ⅱ部第1章，第Ⅲ部第6章
木原すみ子　　九州龍谷短期大学名誉教授・非常勤講師（前人間コミュニティ学科教授）
　　　　　　　担当：第Ⅲ部第4，5章
則松眞由美　　香蘭女子短期大学非常勤講師（前ライフプランニング総合学科准教授）
　　　　　　　担当：第Ⅱ部第2章，第Ⅲ部第7章
吉野美智子　　近畿大学九州短期大学生活福祉情報科准教授
　　　　　　　担当：第Ⅱ部第4章，第Ⅲ部第2章

ビジネス実務
―信頼を得ることの大切さ―

平成27年12月25日　初版第1刷発行
令和2年9月17日　初版第4刷発行

検印廃止

編著者Ⓒ　藤　村　や　よ　い
発行者　　大　塚　栄　一

発行所　株式会社 樹村房

〒112-0002
東京都文京区小石川5丁目11番7号
電　話　東京 03-3868-7321
FAX　東京 03-6801-5202
http://www.jusonbo.co.jp/
振替口座　00190-3-93169

組版・デザイン／BERTH Office
イラスト／大毛里紗（BERTH Office）
印刷・製本／亜細亜印刷株式会社

ISBN978-4-88367-246-2
乱丁・落丁本はお取り替えいたします。